Kerstin E. Finkelstein

# Straßenkampf

## Warum wir eine neue Fahrradpolitik brauchen

Ch. Links Verlag

Auch als **e book** erhältlich

Die Deutsche Nationalbibliothek verzeichnet diese Publikation
in der Deutschen Nationalbibliografie; detaillierte bibliografische
Daten sind im Internet über www.dnb.de abrufbar.

1. Auflage, Februar 2020
© Christoph Links Verlag GmbH
Prinzenstr. 85D, 10969 Berlin, Tel.: (030) 44 02 32-0
www.christoph-links-verlag.de; mail@christoph-links-verlag.de
Umschlaggestaltung: Preuße & Hülpüsch Grafik-Design, Berlin,
unter Verwendung eines Symbols der Aktionsform Critical Mass
(http://criticalmass.de)
Satz: atelier f:50, Jörg Metze, Berlin
Druck und Bindung: Druckerei F. Pustet, Regensburg
Gedruckt auf säurefreiem, alterungsbeständigem Papier

ISBN 978-3-96289-081-0

# Inhalt

Allen denen, die sich in Politik, Verwaltung und Zivilgesellschaft für das Radfahren einsetzen.
Nicht müde werden!


Wenn Du niedergeschlagen bist,
wenn dir die Tage immer dunkler vorkommen,
wenn dir die Arbeit nur noch monoton erscheint,
wenn es dir fast sinnlos erscheint,
überhaupt noch zu hoffen,
dann setz dich einfach aufs Fahrrad,
um die Straße herunterzujagen,
ohne Gedanken an irgendetwas außer deinen wilden Ritt.

Arthur Conan Doyle, 1896 (in Scientific American)

# Schöne Meinung!
# Gibt es die auch mit Ahnung? – Vorwort

Ich bin Radfahrerin, fast immer, und fast überall. In meiner Kindheit und Jugend fuhr ich auf dem Rad zur Schule und konnte die nahe Kleinstadt ein paar Hundert Meter vor dem Ortsschild schon riechen. Während der Studienzeit genoss ich die Freiheit, dank des Rades jederzeit nach Hause fahren zu können, ohne auf Fahrpläne oder konsumierte Getränke achten zu müssen. Beruflich fuhr ich schon an Krokodilen in Burkina Faso vorbei, fuhr bei Vollmond in der Sahara und ließ mich in Chinas Chengdu von örtlichen Guides zwecks Abkürzung ein Stück auf die (nicht abgesperrte) Autobahn führen. Meine Begleiter störten sich nicht an den vorbeirauschenden Lkw.

Inzwischen fahre ich vor allem in Berlin, zu jeder Jahreszeit und bei jedem Wetter. Und bin oft nicht mehr allein unterwegs – was die Messlatte dieses Buches beeinflusst. So war für mich vor wenigen Jahren noch eine lebenswerte Stadt ein Ort, an dem eine Frau mit Minirock nachts um vier Uhr allein sicher nach Hause radeln kann. Inzwischen will ich mehr: eine Stadt, in der ein kleines Kind tagsüber mit seiner Mutter sicher zur Kita und zum Spielplatz radeln kann. Und in der es ein paar Jahre später allein sicher zur Schule und zu seinen Freunden fahren kann.

In deutschen Städten sehen wir uns stattdessen dem Ergebnis von Jahrzehnten autofreundlicher und damit menschenfeindlicher Politik gegenüber. Hier werden die Kinder zu ihrer körperlichen Sicherheit in die ständige Aufsicht ihrer um eine Armlänge entfernten Eltern eingesperrt, damit die Autos frei spielen können. Viele Kinder kennen auch das Elterntaxi besser als den Geh- oder Radweg. Gesund ist das nicht. Klimafreundlich auch nicht. Ja nicht einmal ökonomisch sinnvoll. In Deutschland wird nach wie vor der motorisierte Individualverkehr von der Politik gefördert, subventioniert und allen anderen Verkehrsmitteln vorgezogen. Das Ergebnis ist eine steigende Anzahl von Pkw sowohl in Großstädten als auch in Deutschland insgesamt.[1]

Viele Menschen haben jedoch genug von der künstlichen Verknappung öffentlichen Raumes und menschlichen Lebens zu Gunsten des Autoverkehrs und wollen ihre Alltagswege sicher und bequem beschreiten. Sie haben das Bedürfnis, wieder einigermaßen zivilisiert miteinander umzugehen, und wollen halbwegs gesund alt werden, anstatt übergewichtig mit hohem Blutdruck und schmerzendem Rücken ihre Lebenszeit in überfüllten Wartezimmern zu verbringen. Sie wollen ihre Kinder in Freiheit aufwachsen sehen und vielleicht sogar dafür sorgen, dass ihre Enkel noch Radfahren lernen können.

Das Fahrrad ist schon 200 Jahre alt und bietet doch eine Lösung für alle diese Themen. Radfahren produziert im Verhältnis zum Auto nur minimal $CO_2$ und Feinstaub. Es ist kommunikativer und sozialer – ein Radfahrer hört und riecht nicht nur mehr von seiner Umwelt, er verbraucht auch deutlich weniger Fläche. Zudem fördert Radfahren die Gesundheit – die eigene wie die der anderen. Und es sieht super aus: Mit einem stylischen Rad über der Schulter am Eiscafé vorbeizuschlendern, ist deutlich cooler, als auf der Suche nach einem Parkplatz alle Gäste dreimal mit einer Abgasfahne zu belästigen.

Die Wirklichkeit wird jedoch vom Auto bestimmt, und das ist schädlich. Obschon sich die Straßenverkehrsordnung an den Bedürfnissen des motorisierten Verkehrs zu Ungunsten aller anderen Verkehrsteilnehmer orientiert, begehen Autofahrer die meisten Regelverstöße und verursachen die Mehrheit der Unfälle. Sie beanspruchen den Großteil aller öffentlichen Flächen und zahlen nicht für die selbst verursachten Kosten. Und trotz immer effizienteren Motoren ist der Verkehrssektor mit hauptverantwortlich dafür, dass die selbstgesteckten Klimaziele nicht erreicht wurden und werden, da die Zahl der Kraftfahrzeuge (Kfz) ständig zunimmt.

Sollten Sie schon mit Freude und Überzeugung Rad fahren, dann genießen Sie den Ritt durch den Faktenregen dieses Buches, der Ihre Meinung mit Argumenten und Belegen fundiert. Sollten Sie noch täglich Auto fahren, machen Sie das Fenster auf und lassen auf der Fahrt durch die folgenden Seiten ein paar neue Perspektiven und Fakten ihre Gedanken streifen – vielleicht entledigt Sie das nicht nur von einigem Groll, sondern lässt Sie einmal aus- und umsteigen. Genießen Sie dann die neue Freiheit: Nie wieder Stau! Nie wieder Parkplatzsuche! Stattdessen pure Lebensfreude an der eigenen, strotzenden Kraft. Und sollten Sie Politiker oder sonstiger Entscheider sein: Sorgen Sie endlich dafür, dass unsere Städte frei von giftigen Abgasen, Lärm und tonnenschweren Gefahren werden.

Alles bloße Meinungsmache? Nein, denn es tobt ein tödlicher Kampf in Deutschlands Verkehr. Und es wird Zeit, ihm eine Wendung zu geben, hin zu mehr Lebensfreue, Sinnlichkeit und Glück.

# Die Draufsicht

## Ja, wo fahren sie denn? –
## Über Verkehrsmittelnutzung und Flächenverbrauch

Ein Buch wie dieses ist nicht notwendig, schließlich ist das Ende der Automobilität ohnehin nah, diesen Eindruck kann man aus Zeitung und Fernsehen bekommen.[1] Fakt ist, dass Deutschland 2019 eine Fahrzeugdichte von 692 Kraftfahrzeugen (Kfz) je 1000 Einwohner hatte. Und dass es 2009 in Deutschland 41,3 Millionen Pkw gab[2], inzwischen sind es fast sechs Millionen oder 14 Prozent mehr[3].

Das Sterben des Autos zeigt sich also an seinem konstanten Wachstum. Und das nicht nur in der Anzahl, sondern auch in der Größe – mit dem Alter geht das Auto immer mehr in die Breite. Der VW Golf zum Beispiel war bei seiner Entwicklung 1974 noch 17 Zentimeter schmaler als 2019. Und ist trotzdem noch ein Hänfling im Vergleich zu den als SUV bezeichneten modernen Minipanzern, die inzwischen ein Fünftel der Neuzulassungen ausmachen[4]. Das Auto erlebt also ein in den Medien beschriebenes Ende mit konstantem Wachstum seiner Straßenpräsenz.

Und ist dabei nicht einmal mobil, sondern steht meist – nämlich durchschnittlich 23 Stunden täglich.[5] Nun gut, wird mancher meinen, ein motorisiertes Stehzeug hat doch immerhin den Vorteil, dass es weder stinkt noch lärmt und auch sonst keinen Schaden verursacht. Doch tatsächlich schaffen Autos selbst das, denn für jeden Pkw werden drei Parkplätze von den Stadtbauingenieuren eingeplant, damit er überhaupt genutzt werden kann: einer vor dem Zuhause des Besitzers, einer in der Nähe des Arbeitsplatzes und ein dritter an Orten, wo man sonst so hin möchte, etwa zum Einkaufen oder Essengehen.[6] Das macht nach der heutigen Parkplatznormgröße 33 Quadratmeter Flächenverbrauch – ausschließlich fürs Nicht-genutzt-werden. Zum Vergleich: Auf die Frage, wie groß sie sich ein Kinderzimmer wünschen, antwortete fast die Hälfte der Befragten mit 16 – 20 Quadratmeter, ein Drittel fand sogar die Größe eines einfachen Parkplatzes (elf Quadratmeter) für wünschenswert[7]. Und das ist Wunsch und nicht die (kleinere) Wirklichkeit. Die Wirklichkeit sieht hingegen so aus, dass Autos wie erwähnt immer größer werden und heutige Modelle gar nicht mehr auf herkömmliche Parkplätze passen – weshalb vom Bundesverband öffentlich bestellter und vereidigter sowie qualifizierter Sachverständiger (BVS) bereits gefordert wird, Verkehrsplaner hätten sich an die neue Realität anzupassen[8].

Zum Verständnis der weiteren Ausführungen hier zwei Definitionen: »Straße« bezeichnet alle öffentlichen Plätze und Wege. Radverkehrsinfrastruktur und Gehwege gehören dazu. »Fahrbahn« bezeichnet den Bereich, auf dem unter anderem Autos verkehren. Autos beanspruchen also Platz, der anderen fehlt. Waren Straßen früher auch Orte der Begegnung, wo man kurz für einen Plausch mit dem Nachbarn stehenblieb, ist heute menschliches Leben weiträumig zu Gunsten des Autoverkehrs verschwunden.

Wie viel Raum Autos zur Alleinnutzung zugesprochen wird, kann jeder beim Blick aus dem städtischen Fenster erahnen. Wirklich ausgerechnet hat es indes noch keine einzige Kommune in Deutschland. Schließlich gilt es als normal, dass 70 oder 80 Kilogramm schwere Menschen mehr als 1000 Kilogramm schwere Maschinen nutzen, um sich einige Kilometer weit zu bewegen. Folglich *müssen* Autos überall fahren und parken – und Aufgabe der Kommune ist es lediglich, ihnen dafür Platz zu schaffen.

Eines der Ergebnisse dieser Aufteilung des öffentlichen Raumes ist, dass selbst zehnjährige Kinder inzwischen aus Sicherheitsgründen lieber zu Hause bleiben, anstatt sich mit ihren Freunden draußen zu treffen, wie die Verkehrsplanerin und Vizepräsidentin der Technischen Universität Berlin, Professorin Christine Ahrend, untersuchte. Drei Monate lang hatte sie Grundschüler aus dem Berliner Bezirk Wilmersdorf nachmittags begleitet, um zu erfahren, wie sich die Zehnjährigen auf der Straße bewegen. Sie fand heraus, dass die meisten Kinder lieber herumstreifen, anstatt ein Ziel direkt anzusteuern. Doch ihrem Bewegungsdrang sind Grenzen gesetzt – sie erzählten der Wissenschaftlerin, dass sie gern Fahrrad fahren würden, dass das aber wegen der vielen Autos zu gefährlich sei. Nur fünf der 22 Kinder waren trotzdem altersgemäß auf der Straße unterwegs. Der Rest teilte sich in zwei gleich große Gruppen. Die eine Hälfte verbrachte die Nachmittage von Montag bis Freitag in der Wohnung und wartete auf das Wochenende oder auf die Ferien, oder darauf, dass Erwachsene sie mit dem Pkw irgendwohin befördern würden, wo sie sich frei bewegen dürfen. Die andere Hälfte besuchte nur noch wenige, ihnen bereits bekannte Orte, entdeckte also gar nichts Neues mehr. Beides führt nicht nur zu Bewegungsmangel, sondern legt auch einen Grundstein für die Zukunft: Wer als Kind Radfahren nicht mit Spaß und Freiheit in Verbindung gebracht hat und mit der Bahn Ausflüge machte, bleibt auch als Erwachsener häufig dem Bewegungs- beziehungsweise Sitzmuster Auto verhaftet.[9]

Dass nicht nur Autofahrer, sondern auch Radfahrende jeden Alters Raum benötigen, scheint ein relativ neuer und revolutionärer Gedanke zu sein – zumal wenn er noch mit dem logischen Schluss daherkommt, dass dieser Platz dem motorisierten Verkehr weggenommen werden sollte. Denn genau das muss passieren: Der innerstädtische Raum ist bereits aufgeteilt; keine Stadt Deutschlands klagt über zu wenig Verkehr und zu viel ungenutzte Fläche. Stattdessen geht es darum, den bereits aufgeteilten Platz neu zu vergeben.

Autogerechte Straße         Multimodale Straße

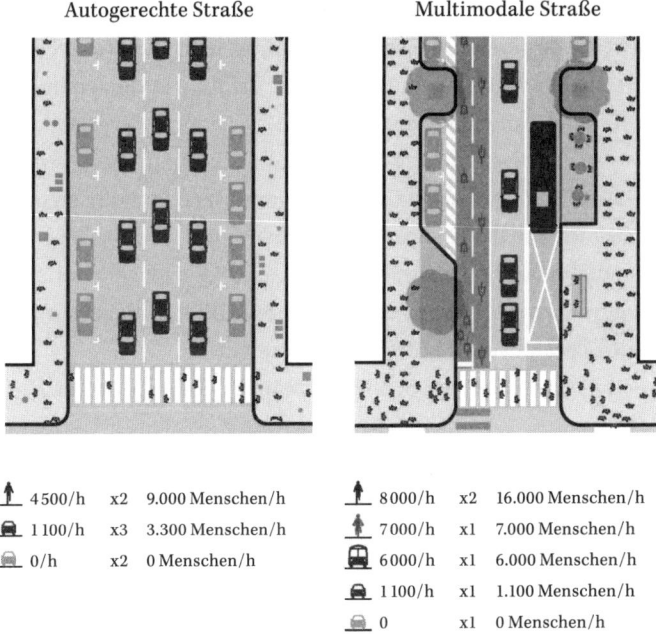

| 🚶 4 500/h | x2 | 9.000 Menschen/h |
| 🚗 1 100/h | x3 | 3.300 Menschen/h |
| 🚊 0/h | x2 | 0 Menschen/h |

| 🚶 8 000/h | x2 | 16.000 Menschen/h |
| 🚴 7 000/h | x1 | 7.000 Menschen/h |
| 🚌 6 000/h | x1 | 6.000 Menschen/h |
| 🚗 1 100/h | x1 | 1.100 Menschen/h |
| 🚊 0 | x1 | 0 Menschen/h |

Beförderungskapazität: 12 300 Menschen/h   Beförderungskapazität: 30 100 Menschen/h

Zwei Modelle von Straßendesign und die jeweilige Beförderungskapazität: links die Anzahl an Menschen, die pro Stunde so befördert werden können, mittig die Anzahl an verfügbaren Fahrbahnen beziehungsweise Gehwegen, rechts die Gesamtzahl der so beförderten Menschen.[10]

Dafür ist wichtig festzustellen, welche der knappen Flächen Radfahrer eigentlich nutzen dürfen. Während diese Frage für den motorisierten Verkehr (= Fahrbahn) und zu Fuß Gehende (= Gehweg) leicht zu beantworten ist, gelten für den Radverkehr diverse unübersichtliche Regeln, die vom Gesetzgeber zur Vervollkommnung der Verwirrung noch zum Teil als »kann« und nicht als »muss« ausgelegt werden. Durch die unübersichtliche Rechtslage ergeben sich zum Teil sogar Unklarheiten, was im Falle eines Unfalls von der jeweiligen Versicherung gedeckt wird. Daher hier eine Übersicht der wichtigsten Regelungen, die den verfügbaren Raum für Fahrradfahrer festlegen:

1. Der Gehweg ist für Fußgänger da. Radfahrer dürfen ihn indes auch nutzen, wenn:
   - sie höchstens zehn Jahre alt sind. Sind sie jünger als neun Jahre, müssen sie den Gehweg sogar nutzen und dürfen nicht auf der Fahrbahn fahren. Es sei denn, der Gehweg birgt besonderes Gefahrenpotenzial (ist zum Beispiel sehr schmal), dann dürfen / müssen auch jüngere Kinder in Begleitung eines Erwachsenen auf der Fahrbahn fahren.
   - sie als Begleitperson ein höchstens zehn Jahre altes Kind begleiten.
   - sie das Rad als Roller nutzen. Dabei muss der rechte Fuß auf dem linken Pedal stehen, der links Fuß darf Schwung holen.
   - sie das Rad schieben.
   - ein Schild den Weg als gemeinsamen Fuß- / Radweg ausschildert.

Zeichen 240 für einen gemeinsamen
Fuß- und Radweg

2. Die Fahrbahn ist für den motorisierten Verkehr da. Radfahrer dürfen sie auch nutzen, wenn:
   - es keinen Radweg gibt.
   - es zwar einen Radweg gibt, dieser aber nicht durch ein Schild zur verpflichteten Nutzung ausgewiesen ist. Radfahrende können in diesem Fall frei entscheiden, ob sie lieber Radweg oder Fahrbahn nutzen wollen.[11]

»Radfahrerlollie« genanntes
Zeichen 237 für einen Radweg

- eine Fahrradspur auf der Straße markiert ist, allerdings nicht mit einem Schild ausgewiesen wurde.

Dass Radfahrer oftmals kreuz und quer durch die Stadt fahren, liegt somit zu einem guten Teil an den unübersichtlichen Regeln. Denn nicht nur dürfen sie den Raum der Fußgänger und Autofahrer zum Teil ebenfalls nutzen – ihr eigener Raum ist ebenso vielfältig wie unklar.

3. Zur Radinfrastruktur zählt man:
- baulich angelegte Radwege: Solche Radwege unterscheiden sich zum Beispiel durch den Belag oder die Farbe von dem meist daneben verlaufenden Fußweg. Radwege sollen nach den Verwaltungsvorschriften der StVo 1,50 bis 2 Meter breit sein. Faktisch gibt es aber vielerorts noch Radwege von 60 Zentimetern Breite (was den Schultern eines gut trainierten Menschen entspricht).
- Radfahrstreifen: auf die Fahrbahn aufgetragene, weiße, durchgezogene Linien (in der Regel benutzungspflichtig).
- Schutzstreifen: auf die Fahrbahn aufgetragene, weiße, durchbrochene Linien (in der Regel nicht benutzungspflichtig).

Zeichen 241 für einen getrennten
Geh- und Radweg

- Getrennte Geh- und Radwege.
- Gemeinsame Geh- und Radwege.

Zusammengefasst kann festgehalten werden, dass Radfahrer mal so mal so, mal hier und mal dort fahren dürfen beziehungsweise müssen. Zu dieser Verwirrung tragen auch Gerichtsurteile bei, die bei Verkehrsunfällen oftmals zu kreativen Urteilen kommen, denen hier im Kapitel (Un-)Rechtsprechung noch nachgegangen wird.

So viel dazu, wo genau Fahrradfahren erlaubt ist. Doch wie viel Raum wird dafür bereitgestellt? Den Versuch, zahlenmäßig Sicht in den Nebel zu bringen, hat die Agentur für clevere Städte unternommen. Zusammen mit einer Gruppe von Studenten hat sie sich die Mühe gemacht, Berliner Straßen zu vermessen. Sie stellten fest: 20 Mal mehr Verkehrsflächen sind für Autofahrer gegenüber Radfahrern reserviert.[12]

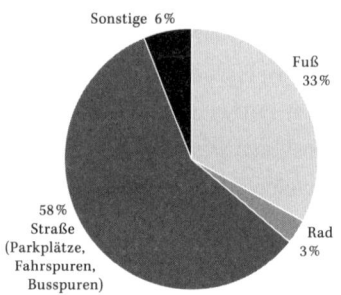

Flächenanteile von Fußgängern, Rad- und Autofahrern in Berlin 2013

Flächenbeanspruchung gleich vieler Menschen als Fußgänger, Rad- oder Autofahrer (in Anlehnung an CyclingPromotionFund)[13]

Demnach werden 58 Prozent der hauptstädtischen Verkehrsfläche vom Autoverkehr beansprucht – und drei Prozent vom Radverkehr. Die Verteilung der zurückgelegten Wege sieht jedoch ganz anders aus: Knapp 30 Prozent der Wege entfallen hier auf den motorisierten Individualverkehr (MIV); 13 Prozent (innerhalb des S-Bahnringes sogar 18 Prozent) auf das Fahrrad.

Auch in anderen Städten wird dem Auto der meiste Platz überlassen, obschon es für die Mobilität nur einen nachgeordneten Rang hat. 2013 wurden in Mannheim zum Beispiel 33 Prozent der Wege mit dem Pkw zurückgelegt, fünf Jahre zuvor waren es noch 36 Prozent. Der Radverkehr nahm parallel zu: Hatten die Mannheimer 2008 noch 13 Prozent der Wege mit dem Fahrrad zurückgelegt, waren es 2013 schon 18 Prozent.[15]

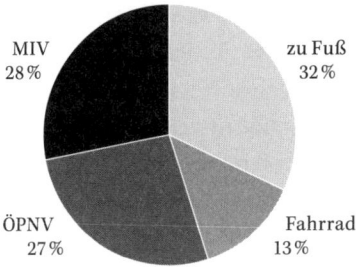

MIV
28 %

zu Fuß
32 %

ÖPNV
27 %

Fahrrad
13 %

Wegeanteile nach Verkehrsmittelgruppen für Berlin – Binnenverkehr (2013)[14]

Anders als auf dem Land werden die meisten Wege in der Stadt also nicht mit dem Flächenfresser und Gesundheitsräuber Auto bestritten. Schließlich gibt es das Netz des öffentlichen Personennahverkehrs (ÖPNV), und die in der Stadt zu erledigende Wege sind durchschnittlich nur sechs Kilometer lang – eine klassische Raddistanz!

So viel zum Flächenverbrauch in der Stadt. Doch wie hoch ist der Anteil der einzelnen Verkehrsmittel an den insgesamt zurückgelegten Kilometern in ganz Deutschland? Laut der Studie »Mobilität in Deutschland 2017« des Bundesministeriums für Verkehr und digitale Infrastruktur legen in Deutschland im Durchschnitt alle Menschen zusammen jeden Tag gut drei Milliarden Personenkilometer auf rund 257 Millionen Wegen zurück. Rund 57 Prozent dieser Wege werden mit dem Auto zurückgelegt, auf dem Land sind es bis zu 70 Prozent. Den größten Anteil am motorisierten Individualverkehr in Deutschland hatten 2016 Urlaubs- und Freizeitfahrten mit über 35 Prozent. Nur 20 Prozent waren Berufs- und knapp 15 Prozent Ausbildungs- und Geschäftsverkehr.[16]

Die Anteile des Fuß- und Radverkehrs sowie des öffentlichen Personennahverkehrs unterscheiden sich in Abhängigkeit vom Wohnort. In Metropolen hat der ÖPNV etwa einen Anteil von 20 Prozent (Bundesweit zehn Prozent), der Fußverkehrsanteil liegt dort ebenso mit 27 Prozent etwa fünf Prozentpunkte über dem Bundesdurchschnitt. Der Anteil der Fahrradfahrer liegt bei unter 20 Prozent. Wünschenswert wäre, dass dieser Anteil erheblich steigt, die Radinfrastruktur verbessert und die innerstädtische Raumgestaltung insgesamt verändert wird – sodass auch Kinder wieder in unseren Städten leben, atmen und spielen mögen.

## Über Leichen fahren – Wer verursacht wie viele Unfälle?

Man stelle sich vor, jemand erfände eine Maschine für Erwachsene, die nur nach aufwendiger und kostspieliger Schulung genutzt werden könnte, dennoch aber voraussichtlich allein in Deutschland jährlich Tausende Menschen das Leben und Zehntausende die Gesundheit kosten würde. Zugleich würde sie Tag und Nacht Lärm und Gestank verursachen und dadurch noch einmal hunderttausende Menschen in ihrer Gesundheit schädigen. Verrückte Idee, oder?

Nun, das Auto ist bereits erfunden. Und 2018 starben allein auf Deutschlands Straßen 3275 Menschen, fast 400 000 wurden teilweise schwer verletzt. Um die Zahlen in ihrer Höhe einzuordnen: Das sind neun Verkehrstote und 1100 Verletzte pro Tag. Und der Vergleich zum deutlich stärker angstbesetzten Flugverkehr: 2018 starben weltweit 556 Menschen bei Flugzeugabstürzen.

Man stelle sich also vor, es gäbe an einem Tag mehrere Fabrikunfälle mit insgesamt neun Toten und mehr als 1000 Verletzten. Die Medien überschlügen sich mit Sondersendungen und -beiträgen. Wiederholten sich solche Unglücksfälle nun jeden Tag, käme spätestens nach einer Woche das Kabinett zu einer Sondersitzung zusammen, um entschieden einzuschreiten. Die Verkehrstoten und -verletzten haben hingegen nur noch Kurzmeldungscharakter.

Immerhin sank die Gesamtzahl der jährlichen Verkehrstoten in den letzten Jahren, was vor allem mit verbesserter Sicherheitstechnik für die Autofahrer zusammenhängt. So hat ein modernes Auto Dreipunktsicherheitsgurte, Airbags und ein Elektronisches Stabilitätsprogramm, auch Kindersitze sind verpflichtend. Für Verkehrsteilnehmer, die nicht im Auto unterwegs sind, sondern sich selbst bewegen, bringen diese Neuerungen jedoch nur wenig, denn von außen ist das Auto nicht sicherer geworden, die Anzahl getöteter Radfahrer ist nicht gesunken.

Verkehrstote in Deutschland: Fahrer/-innen bzw. Mitfahrer/-innen von:[17]

| | Pkw | Lkw | Kraft-rädern | Bussen | Fahr-rädern | Fußgänger/-innen | Sonstige | Gesamt |
|---|---|---|---|---|---|---|---|---|
| 2008 | 2.368 | 183 | 766 | 10 | 456 | 653 | 41 | 4.477 |
| 2009 | 2.110 | 164 | 749 | 12 | 462 | 591 | 64 | 4.152 |
| 2010 | 1.840 | 162 | 709 | 32 | 381 | 476 | 48 | 3.648 |
| 2011 | 1.986 | 174 | 778 | 10 | 399 | 614 | 48 | 4.009 |
| 2012 | 1.791 | 154 | 679 | 3 | 406 | 520 | 47 | 3.600 |
| 2013 | 1.588 | 148 | 641 | 11 | 354 | 557 | 40 | 3.339 |
| 2014 | 1.575 | 143 | 674 | 13 | 396 | 523 | 53 | 3.377 |
| 2015 | 1.620 | 146 | 701 | 5 | 383 | 537 | 67 | 3.459 |
| 2016 | 1.531 | 133 | 604 | 4 | 393 | 490 | 51 | 3.206 |
| 2017 | 1.434 | 167 | 642 | 22 | 382 | 483 | 50 | 3.180 |
| 2018 | 1.424 | 174 | 697* | 9 | 445** | 458 | 68 | 3.275 |

\* 2018: S-Pedelecs: 4
\*\* 2018: Fahrräder ohne Elektroantrieb: 356 / Pedelecs: 89
(Pedelec = Pedal Electric Cycle; ein Fahrrad mit elektrischer Tretkraftunterstützung)

Innerorts ist die Gefahr, der Radfahrer ausgesetzt sind, in den vergangenen Jahren sogar erheblich gestiegen.

Innerorts verunglückte Radfahrer:[18]

| | Verunglückte insgesamt | Getötete | Verletzte insgesamt |
|---|---|---|---|
| 2010 | 59.253 | 223 | 59.030 |
| 2011 | 69.348 | 239 | 69.109 |
| 2012 | 67.689 | 248 | 67.441 |
| 2013 | 64.579 | 216 | 64.363 |
| 2014 | 70.863 | 230 | 70.633 |
| 2015 | 70.883 | 236 | 70.647 |
| 2016 | 73.474 | 251 | 73.223 |
| 2017 | 72.225 | 254 | 71.971 |
| 2018 | 80.035 | 255 | 79.780 |

Und wer verursacht diese Unfälle? Die größte Gefahr für Radfahrer lauert hinter dem Steuer: Obschon Kraftfahrzeuge und ihre Fahrer die Mehrheit der Fläche für sich beanspruchen dürfen, obschon Verkehrsregeln und Ampelphasen auf ihre Bedürfnisse abgestimmt sind, obschon Kinder aus dem öffentlichen Raum verdrängt sind und zu ihrer vermeintlichen Sicherheit mit dem Auto zu Kita und Schule gebracht werden – obschon also ein Maximum an Raum und Entgegenkommen auf Autos fokussiert ist, verursachen sie selbst innerorts die erhebliche Mehrheit aller Unfälle!

Autofahrer begehen die meisten Unfälle innerorts untereinander, indem sie sich gegenseitig ihre Wagen kaputtfahren, doch häufig trifft es auch Fahrradfahrer und andere Verkehrsteilnehmer. So waren laut Polizeiangaben 2017 bei nur 43 Prozent der Radunfälle mit Personenschaden Radfahrer Hauptverursacher des Unfalls. Bei Unfällen mit einem Pkw waren 25 Prozent der Radfahrer hauptverantwortlich, bei Unfällen mit Güterkraftfahrzeugen 20 Prozent – nur bei Unfällen mit Fußgängern lag bei 60 Prozent der beteiligten Radfahrer die Hauptschuld.[19]

Und welche Regelverletzungen begehen Autofahrer, die zu Unfällen führen?

Hier eine Auflistung der häufigsten Fehler von Autofahrern bei Unfällen mit Personenschaden:[20]

| Fehlverhalten | Häufigkeit |
|---|---|
| Fehler beim Abbiegen, Wenden, Rückwärtsfahren, Ein- und Anfahren | 56.642 |
| Missachten der Vorfahrt / des Vorrangs | 52.332 |
| Ungenügender Abstand | 50.267 |
| Fahren mit unangepasster Geschwindigkeit | 45.058 |
| Falsche Straßenbenutzung | 24.203 |
| Andere Ursachen | 132.234 |
| Insgesamt | 360.736 |

Bei Betrachtung der Unfallursachen fällt Folgendes ins Auge: Ungenügender Abstand ist meist Folge einer unangepassten Geschwindigkeit (bei langsamerer Geschwindigkeit vergrößert sich meistens der Abstand zum Vorder- und Nebenmann). Ebenso erfolgen viele Vorfahrtsverletzungen und Abbiegefehler aufgrund zu hoher Geschwindigkeit – die Unfallgegner werden »übersehen«, gerade wenn sie nicht aus tonnenschwerem Metall bestehen, sondern nur Menschenbreite aufweisen.

Eine zu hohe Geschwindigkeit ist somit Unfallursache Nummer eins und auch der häufigste Fehler von Fahrern bei Unfällen mit Getöteten.[21] Der motorisierte Verkehr hält sich in großem Maße nicht einmal an die jeweils vorgeschriebene Maximalgeschwindigkeit. Wäre dies anders, bräuchte es keine aktuellen Blitzerwarnungen im Radio – denn die Gefahr, geblitzt zu werden, droht nur denjenigen Verkehrsteilnehmern, die vorhaben, an der überprüften Stelle zu schnell zu fahren.

Neben überhöhter Geschwindigkeit steigert auch Ablenkung das Unfallrisiko erheblich. Das Telefon ist bei vielen Autofahrern immer griffbereit – und wird selbst während der Fahrt von vielen regelmäßig bedient. Egal ob als Navigationssystem, dem immer mal wieder ein Blick geschenkt wird, zum Telefonieren – oder gar um mal eben Textnachrichten zu lesen oder gar zu schreiben. Allein: Selbst beim erlaubten Telefonieren mit einer Freisprechanlage fährt für die Dauer des Gesprächs eine Parallelwelt mit, die vom Verkehrsgeschehen ablenkt und die Unfallgefahr vervielfacht. Der Effekt durch die Nutzung von Informations- und Kommunikationstechnik liest sich folgendermaßen: »Er liegt im Wesentlichen auf der Einschränkung des nutzbaren Sehfelds, der Vernachlässigung im Sichern (Spiegel-, Schulter-, Anzeigeblicke), in verlängerter Reaktionszeit, Nichtbeachten kritischer Ereignisse sowie Übervorsichtigkeit, wie sie aus der Alkoholwirkung beschrieben wird (zu langsam, zu große Abstände).«[22]

Noch gravierender als Telefonieren wirkt sich das Lesen und Schreiben von Kurznachrichten während der Fahrt aus. Schaut ein Autofahrer bei 50 Kilometern pro Stunde nur zwei Sekunden auf sein Handy, legt er in dieser Zeit rund 28 Meter zurück. Im Blindflug. Selbst vergleichsweise harmlose Nebentätigkeiten, wie eine Brille aus dem Etui zu nehmen oder aus der Wasserflasche zu trinken, können verheerende Auswirkungen haben[23]. In einer Studie konnten auch bei innerstädtisch üblichen Geschwindigkeiten zwischen 30 und 50 Kilometern pro Stunde 76 Prozent der Fahrer vor einem plötzlich auftretenden Hindernis nicht mehr bremsen.

Mit plötzlich auftretenden Hindernissen muss innerhalb von Stadtzentren indes ständig gerechnet werden: Dort leben und bewegen sich nämlich viele Menschen.

Und was machen nun Radfahrer – mit Unfallfolgen – am häufigsten falsch? Sie befahren Radwege auf der falschen Seite. Das wiederum ist statistisch gesehen wirklich gefährlich – im Gegensatz zu vielen als gravierender wahrgenommenen Verkehrsverstößen wie etwa dem Überfahren einer roten Ampel.[24]

# Die Finanzen

## Die verallgemeinerten Kosten

Der Autoverkehr erledigt innerorts also nicht die Mehrheit der Wege, verbraucht aber mit Abstand am meisten Fläche und ist Verursacher der Mehrheit von Unfällen mit anderen Verkehrsteilnehmern. Und wer zahlt das Ganze?

Die Steuerzahler – also auch alle, die kein Auto besitzen, sondern nur von ihm eingeengt und gefährdet werden.

Wie kann das sein? Reichen denn die Milliarden Steuern nicht, die Autofahrer ohnehin schon zahlen? Nein, das tun sie nicht.

Wer an die Kosten des Autoverkehrs denkt, hat meist nur Bau und Erhalt von Straßen im Kopf. Hinzu kommen aber noch der Unterhalt und Bau von Parkplätzen, Straßenreinigung, Straßenbeleuchtung und Straßenentwässerung. Darüber hinaus sind erhebliche Mehraufwendungen bei Feuerwehr, Polizei, Wirtschaftsförderung, Grünflächenämtern und städtischen Bauhöfen durch den Autoverkehr bedingt. Je nach Kommune, rechnet der Verkehrsclub Deutschland (VCD) aus, sind bei Einrechnung dieser Nebenkosten nur 15 bis 45 Prozent der Kfz-Ausgaben durch -Einnahmen gedeckt.[1] Jeder Bürger finanziert somit den städtischen Autoverkehr mit durchschnittlich 150 Euro pro Jahr mit.[2] Zudem wird das Auto unter anderem durch die Dienstwagenbesteuerung steuerlich begünstig und subventioniert.

Einen Schritt weiter geht die 2017 im Auftrag des Netzwerks Europäischer Eisenbahnen (NEE) erstellte, explorative Studie zu den »Kosten der Verkehrsträger im Vergleich«. Studienautor Prof. Böttger errechnete, dass für Investitionen und Betrieb der

Straßeninfrastruktur in Deutschland jährlich etwa 30 Milliarden Euro aufgewandt werden. Hinzu kommen weitere 30 Milliarden Euro für die Verkehrspolizei und zahlungswirksame Unfallfolgekosten. Die enormen Unfallfolgekosten unterzog Böttger einer vertieften Recherche: In großem Umfang (17,5 Milliarden Euro) werden zahlungswirksame Unfallfolgekosten über Sozialversicherung oder Sozialhilfe von der Allgemeinheit getragen. Hinzu kommen die schwer zu ermittelnden nicht zahlungswirksamen Kosten, vor allem weitere Unfallfolgekosten in Höhe von 27 Milliarden Euro und Umweltschäden in einer Mindesthöhe von 7,5 Milliarden Euro, die in der Summe von 60 Milliarden Euro zahlungswirksamer Kosten noch nicht enthalten sind. Die zuzurechnenden Einnahmen des Straßenverkehrs aus Energiesteuern und Lkw-Maut liegen hingegen nur bei etwa 22 Milliarden Euro.[3]

Hat der HTW-Professor sich arg verrechnet? Nein, höchstens nach unten. Eine Studie der Technischen Universität Dresden kommt zum Beispiel auf ganze 88 Milliarden jährlicher externer Kosten durch den Autoverkehr.[4] Und eine Studie der Universität Kassel errechnet, dass die Mehrheit der Zuschüsse innerhalb deutscher Kommunen in den Autoverkehr gehen.[5]

Wer hätte das gedacht: Autofahrer sind gar nicht die Melkkühe, sondern die Schmarotzer des Systems! Sie bezahlen für nicht einmal die Hälfte aller von ihnen verursachten Kosten. Für alle Radfahrer, Fußgänger oder Nutzer des öffentlichen Verkehrs bedeutet dies, dass das Autofahren sie nicht nur zum einen eines Großteils des öffentlichen Raumes beraubt, das Stadtbild prägt, eine omnipräsente Gefahr darstellt, die Luft zum Atmen vergiftet – sondern zum anderen auch noch die Mehrheit der so entstehenden Kosten jenen Menschen aufbürdet, die gar kein Auto nutzen.[6] Kurz: Das Auto wird privat genutzt, seine Kosten werden vergesellschaftet.

Ist das eine neue Entwicklung, sind diese aktuellen Zahlen eine temporäre Erscheinung? Wohl kaum. Schon 2004 wurden

Kosten von jährlich 130 Milliarden durch den Straßenverkehr errechnet.[7] Und schon 1987 schrieb der Spiegel in einer Besprechung des Buches *Eisenbahn und Autowahn* von Winfried Wolf:

»Die Gesellschaft vermeidet es offenkundig, sich über die Kosten des Autoverkehrs, die materiell bezifferbaren und die nicht oder kaum quantifizierbaren, Rechenschaft abzulegen. Wolf hat die staatlichen Einnahmen und Ausgaben in den zwei Jahrzehnten von 1965 bis 1984 aufgelistet. Das Resultat müßte die Lobby des Straßenverkehrs beschämen: Das Unternehmen Straßenverkehr hat in 15 der angeführten 20 Jahre rote Zahlen geschrieben, bis hin zu Fehlbeträgen von über vier Milliarden Mark im Jahr. Aufaddiert ergibt das einen Fehlbetrag von 28,2 Milliarden Mark. Anders als die Bahn, die ihre Defizite zu einem gut Teil über Kredite finanzieren mußte, hat der Straßenverkehr für die Unterdeckung nie Zinsen zahlen müssen. Die Öffentlichen Hände haben eben stets dafür gesorgt, daß genug Geld für die Autopisten bereitlag, egal wie hoch die Einnahmen durch entsprechende Steuern waren. Wolf hat ausgerechnet, wo die Firma Straßenverkehr heute stünde, wenn sie sich wie die Bahn das Geld für die Fehlbeträge per Kredit hätte beschaffen und mit sechs Prozent pro Jahr verzinsen müssen: Mit 75,9 Milliarden Mark liegen die kalkulatorischen Schulden des Straßenverkehrs weit über denen der Bahn, die es auf 41,9 Milliarden bringt.«[8]

Und man beachte, dass Wolf damals noch auf die Einberechnung von Unfällen und Umweltschäden verzichtete, die Rechnung hätte damit auch damals schon deutlich höher ausfallen können. Das Auto wird in Deutschland also seit Jahrzehnten erheblich subventioniert – und öffentlichen Verkehrsmitteln gegenüber finanziell bevorzugt.

Und wie sieht es beim Radverkehr aus? Im Jahr 2018 steckte die Bundesregierung 130 Millionen Euro des insgesamt fast

28 Milliarden Euro schweren Verkehrsbudgets in den Radverkehr; das sind 0,5 Prozent. Und die Kommunen, die für innerstädtische Infrastruktur verantwortlich sind, steigern die
Investitionen selbst dann nicht entsprechend, wenn ein steigender Radverkehrsanteil dies nahelegt. Die Gesamtausgaben für
Radverkehrsinfrastruktur der vier deutschen Städte mit mehr
als einer Million Einwohnern betragen nicht einmal 30 Millionen Euro jährlich. Nur mal so zum Vergleich: Der immer noch
keine Passagiere abfertigende neue Berliner Flughafen BER kostet 35 Millionen Euro – im Monat.

Wie wenig Geld in Summe für gute Radinfrastruktur investiert wird, zeigt dieser Vergleich deutscher Städte mit den beiden fahrradfreundlichen Vorbild-Kommunen Amsterdam und
Kopenhagen.

Jährliche Ausgaben je Einwohner für den Radverkehr und
Radverkehrsanteil (Stand: 2018):[9]

|  | Ausgaben pro Kopf in Euro | Radverkehrsanteil |
| --- | --- | --- |
| München | 2,3 | 17 |
| Köln | 2,8 | 15 |
| Hamburg | 2,9 | 15 |
| Frankfurt | 4,3 | 13 |
| Berlin | 4,7 | 15 |
| Stuttgart | 5,0 | 5 |
| Amsterdam | 11,0 | 32 |
| Kopenhagen | 35,6 | 29 |

Bereits seit Jahrzehnten ist wissenschaftlich erwiesen, was
auch jede menschliche Nase sofort wahrnimmt: Kfz-Verkehr
ist schlecht für die Umwelt. Bislang arbeitete man als Lösung
jedoch nur an der besseren Klimaverträglichkeit einzelner
Autos, etwa durch die verpflichtende Einführung von Kataly-
satoren. Der Gesamtanstieg des Kfz-Verkehrs hat dabei allerdings die bislang erreichten Verbesserungen im Klima- und

Umweltschutz zum überwiegenden Teil wieder aufgehoben. Der Pkw-Verkehr hat zwischen 1995 und 2017 um knapp 18 Prozent zugenommen. Deshalb sind die Kohlendioxid-Emissionen des Pkw-Verkehrs insgesamt zwischen 1995 und 2017 um 0,5 Prozent angestiegen – obwohl die Emissionen pro Verkehrsaufwand zugleich um rund 15 Prozent gesunken sind.[10] Um die von der Politik ausgegebenen Klimaziele zu erreichen, reicht es somit nicht aus, auf neue, effizientere und sauberere Technologien zu setzen. Sondern es ist notwendig, dass insgesamt weniger Auto gefahren wird!

Eine Alternative liegt im Ausbau des Fahrradverkehrs. Wer zum Beispiel seinen Arbeitsweg von fünf Kilometern statt mit dem Auto mit dem Rad zurücklegt, spart durchschnittlich 1,4 Kilogramm $CO_2$ täglich. Im Jahr macht das mehr als 300 Kilogramm. Anstatt $CO_2$ zu produzieren, verbrennt der Radfahrer nebenbei Kalorien – etwa 240 am Tag und weit über 50 000 im Jahr.

Außerdem ist auch das Fahrrad ein profitabler Wirtschaftszweig, der, wenn der Fahrradverkehr zunehmen sollte, viel Potenzial hat. Was das Rad wirtschaftlich bringt, hier einmal in Zahlen:

»• 16 Mrd. Euro: Gesamtumsatz der deutschen Fahrradbranche 2015
• 6 Mrd. Euro: Gesamtumsatz der deutschen Fahrradindustrie 2018
• 4,7 Mrd. Euro: Gesamtumsatz des deutschen Fahrradtourismus 2015
• 3,16 Mrd. Euro: Gesamtwert der 2018 in Deutschland verkauften Fahrräder und E-Bikes
• 4,18 Mio.: Anzahl der in Deutschland 2018 verkauften Fahrräder und E-Bikes (+8,6 % gegenüber 2017)
• 3,64 Mio.: Anzahl der 2018 nach Deutschland importierten Fahrräder und E-Bikes (+10,8 % gegenüber 2017)
• 1,86 Mio.: Anzahl der 2018 in Deutschland produzierten Fahrräder und E-Bikes (+7 % gegenüber 2017)

- 1,27 Mio.: Anzahl der 2018 aus Deutschland exportierten Fahrräder und E-Bikes (+8,8 % gegenüber 2017)
- 21 Prozent: Anteil Deutschlands am gesamteuropäischen Fahrradmarkt 2015 (höchster Anteil).«[11]

## Die privaten Kosten

Für die Allgemeinheit ist das Auto also das teuerste aller Verkehrsmittel. Und wie sieht es beim privaten Nutzer aus? Der ADAC berechnet regelmäßig die Kosten der unterschiedlichsten Autos, um Kaufinteressenten eine Hilfe bei der Entscheidung für oder gegen ein Modell zu bieten. Schließlich kostet nicht nur die Anschaffung eines Autos Geld. Berechnet werden muss der Wertverlust, die Ausgaben für den Kraftstoff, Motorölwechsel, Autowäsche, Versicherung und Werkstatt- sowie Reifenkosten.

Bei ihren durchschnittlichen Berechnungen gehen die Experten des Clubs davon aus, dass das neue Auto fünf Jahre gefahren wird und in dieser Zeit 75 000 Kilometer zurücklegt. Das entspricht einer jährlichen Laufleistung von 15 000 Kilometern.

Beim letzten Test im August 2019 war ein Škoda Sieger im Mittelklasse-Autokostenvergleich. Entscheidend war laut ADAC dabei bemerkenswerterweise die Kraftstoffart: Erdgas ist im Vergleich zu Super und Diesel deutlich günstiger. So glich der Škoda auch seinen im Vergleich zum zweitplatzierten Mitsubishi höheren Anschaffungspreis aus. Der Sieger im Mittelklassesegment schlug laut ADAC mit 538 Euro im Monat zu Buche und kostete pro gefahrenen Kilometer 43 Cent. Schon der Zweitplazierte brachte es auf 603 Euro im Monat und 48,2 Cent pro gefahrenen Kilometer.[12] Das günstigste Auto laut ADAC-Berechnung überhaupt war der Citroën C1 VTi 72 Stop&Start mit immer noch ganzen 331 Euro an im Monat zusätzlich zum Anschaffungspreis laufenden Kosten. Zum Vergleich: Die Bahncard 100, mit der man sowohl im Stadtverkehr als auch bundesweit mit Fernzügen reist und Sitzplatzreservierung gratis dazu erhält, kostet in der 2. Klasse umgerechnet monatlich 366,25 Euro.

Stellen wir diesen Kosten nun die Kosten des Fahrradfahrens entgegen, wird überdeutlich, dass dies die ökonomischere Verkehrsmittelnutzung ist. Ein ordentliches Fahrrad des Mittelklassesegments kostet in der Anschaffung etwa 750 Euro. Rechnet man die monatlichen Kosten zusammen, die durch Reparaturen, Zubehör, Ausrüstung und Versicherung entstehen, kommt man auf einen Durchschnittswert von circa 30 Euro im Monat. Dieser Kostenvergleich sollte eigentlich schon ausreichen, um viele Menschen zu motivieren, aus- und umzusteigen!

# Die Politik

## Deutsche Verkehrspolitik ist Autopolitik

Ein wachsender Teil der Bevölkerung sieht einem Leben in autofreien Innenstädten positiv entgegen und ist bereit, auch auf dem Land Kurzstrecken von unter zehn Kilometern nicht zwingend vierrädrig zu bewältigen: Das zeigte sich auch rund um die Internationale Automobil-Ausstellung (IAA). Dort kannte früher die Begeisterung für neue und immer leistungsstärkere Modelle kaum Grenzen. Inzwischen ist das anders. Hunderte Polizisten und Absperrgitter waren im September 2019 zur Eröffnung der Messe im Einsatz, um die Autogegner von der Automesse fernzuhalten. Die Autobranche verbarrikadierte sich. Einen Tag später kamen Tausende Menschen aus dem gesamten Rhein-Main-Gebiet in einer Sternfahrt per Rad nach Frankfurt am Main. Zumindest für einige Stunden war Frankfurts Innenstadt autofrei, Autobahnen und Bundesstraßen zum Teil ebenso. An der abschließenden Demonstration nahmen 25 000 Menschen teil und forderten direkt vor den Toren der IAA eine konsequente Verkehrswende mit einer Abkehr vom Verbrennungsmotor und weniger Autoverkehr insgesamt.[1]

Diese Forderungen fanden wenig Beachtung von der Bundesregierung. Exemplarisch für die jahrzehntelange Bevorzugung des Autos als Verkehrsmittel der Wahl durch die Politik ist die Eröffnungsrede von Bundeskanzlerin Merkel bei der IAA 2019: »›Driving Tomorrow‹ – so lautet das Motto der diesjährigen Internationalen Automobil-Ausstellung. Es ist natürlich spannend zu sehen, wie wir morgen fahren. Und wo könnten wir das besser erfahren als auf der IAA?«[2]

Nun, vielleicht auf der Eurobike? Da war die Regierungsche-fin zuletzt 2013, also sechs Jahre zuvor, und legte in ihrer dor-tigen Rede zunächst dar, wie es um den Ausbau der Tübinger Bundesstraße bestellt sei, um dann überzuleiten, wie ihr als Kind beim Blaubeerensammeln das Fahrrad von sowjetischen Solda-ten gestohlen worden sei.[3] So weit zur Einleitung – was sagte die Bundeskanzlerin anschließend zu den technischen Innovationen des Fahrrades, die uns zeigen, ›wie wir morgen fahren werden‹?

»Ich gebe zu, dass die Zeit als Bundeskanzlerin meinen Enthusi-asmus für das praktische Ausüben des Fahrradfahrens etwas ge-senkt hat. Ich glaube aber nicht, dass das dauerhaft ist, wenngleich ich mich mit den immer wieder neuen technischen Entwicklungen gar nicht so leicht tue. Die vielen Gangschaltungen und jetzt auch noch das E-Bike – das müsste ich dann einmal in Ruhe ausprobie-ren. Ich habe heute aber auch bei der Herfahrt schon gedacht: Eine Million solcher Fahrzeuge haben wir nun schon auf der Straße oder auf dem Radweg, aber so war das mit dem Elektromobilitätsziel der Bundesregierung nicht gemeint.«

Zur Verkehrspolitik, der Flächenverteilung und der StVO führte die Regierungschefin anschließend aus, dass »in engen Innen-städten Fahrräder zum Teil Konflikte von Verkehrsteilnehmern mit sich (bringen). Autofahrer sind manchmal in gewisser Weise überfordert. Wenn man ein richtiger Freund des Fahrrads ist, darf man sagen, dass unter Radfahrern zum Teil sehr eigene Interpretationen der Straßenverkehrsordnung gewählt werden. Ich hoffe, das nimmt mir niemand übel, aber das hat wohl jeder schon gemerkt.« Im Gegensatz dazu wies die Bundeskanzlerin 2019 in ihrer achten Eröffnungsrede der IAA nicht auf chroni-sche Geschwindigkeitsübertretungen von Kfz-Lenkern, alkoho-lisierte Autofahrer und die verbotene und verkehrsgefährdende Nutzung von Handys am Steuer hin.

So wie die Bundeskanzlerin ihre erste und einzige Rede auf der Eurobike 2013 mit Hinweisen zu einer Autostraße begonnen hatte, schloss sie mit einem fachfremden Textbaustein zur Redezeitverlängerung. »Denn angesichts der fast drei Millionen Arbeitslosen und von fast 40 Milliarden Euro Aufwendungen für Bezieher der sogenannten Hartz-IV-Leistungen liegen noch erhebliche Anstrengungen vor uns. Wir haben in den letzten Jahren eine wachstumsfreundliche Politik gemacht und verschiedene Vereinfachungen hinsichtlich der Bürokratie vorgenommen – und das in einem Umfeld, das zum Teil sehr schwierig ist.«

Und so ging es weiter auf der IAA: »Es geht also nicht nur darum, wie wir in Zukunft selber fahren, sondern auch darum, wie wir ans Ziel kommen, ohne selbst zu fahren.«

Wie wäre es mit dem E-Bus? Oder der Straßenbahn? Nein, die Kanzlerin bezog sich lediglich aufs autonome Autofahren. Denn: »Heute ist die Automobilindustrie für den wirtschaftlichen Erfolg unseres Landes eine ganz wesentliche Branche, die Hunderttausenden Menschen Beschäftigung und damit Sicherheit gibt.« Und genau deshalb haben es unsere Nachbarn etwa in Dänemark, den Niederlanden oder der Schweiz auch so viel leichter, eine menschen- und umweltfreundliche Verkehrswende weg vom Auto einzuläuten. Anstatt mit Arbeitsplätzen in der Automobilindustrie zu winken, produzieren zum Beispiel die Niederlande E-Busse. Etwas, was deutsche Hersteller lange nicht im Angebot hatten, die sich deshalb für einen Aufschub des Umrüstens der Busflotten hin zu elektrischen Varianten einsetzten. Da Elektrobusse noch etwa doppelt so teuer sind wie solche mit Verbrennungsmotoren, unterstützt der Bund die Städte beim Kauf mit bis zu einer Milliarde Euro. Die Kosten eines gesamten Umtausches dürften sich mittelfristig auf elf Milliarden belaufen.[4] Geld, dass in Arbeitsplätze im Ausland fließen dürfte. Der holländische Hersteller Ebusco etwa gewann 2015 eine Ausschreibung der Stadt München und belieferte die bayerische Metropole mit zwei Elektrobussen für zusammen rund eine Million Euro. Die Busse können Reichweiten von 300 Kilometern überbrücken und werden anschließend über Nacht am Betriebsbahnhof aufgeladen. Seit Mitte 2016 fahren sie im Rahmen eines Langzeittests regelmäßig durch die Landeshauptstadt. Die VDL-Gruppe aus Eindhoven ist eigentlich ein Maschinenbauer, besitzt seit 1993 aber schon eine Bussparte. 2014 lieferte VDL die ersten Elektrobusse an die Stadt Köln, wo sie seitdem testweise unterwegs sind. Auch in Münster und Osnabrück fahren mittlerweile VDL-Elektrobusse. Daneben gibt es noch die polnische Firma Solaris, deren Busse in mittlerweile fünf deutschen Städten fahren. Lange Zeit war Sileo der einzige zumindest zum Teil deutsche Hersteller von Elektrobussen. Die Firma mit Sitz in Salzgitter ist jedoch auch Teil der türkischen Bozankaya-Gruppe. Diese stellt seit 2010 in der Türkei auch Busse her. Die Fertigung von Elektrobussen wurde 2014 zur neu gegründeten Tochter Sileo ausgegliedert. Das Design entspringt weiterhin den ersten Bozankaya-Bussen, auch die Rohkarosserie stammt aus der Türkei. Elektrobusse von Sileo fahren derzeit in sechs deutschen Großstädten. Weltweit führend in der Herstellung von E-Bussen ist indes das chinesische Unternehmen BYD Auto, das seit 2010 mehr als 10 000 Fahrzeuge verkauft hat. BYD-Busse fahren zum Beispiel in London (auch als Doppeldecker), in Houston und auf dem Amsterdamer Flughafen Schiphol.[5] Immerhin gelang es den deutschen Autoherstellern, die Umstellung in deutschen Städten so lange aufzuschieben, bis auch sie davon profitieren könnten: Seit Ende 2018 fahren in Hamburg nun Mercedes-Elektrobusse.

Weiter mit der Bundeskanzlerin: »Ermutigend ist natürlich, dass sich überall auf der Welt Autohersteller, Zulieferer, Elektroindustrie, Energiewirtschaft und andere darauf einstellen, Lösungen für die veränderten Mobilitätsbedürfnisse zu finden. Beginnen wir einmal mit den alternativen Antriebstechnologien. Da ist die Elektromobilität jetzt prägend für viele Aussteller auf dieser Internationalen Automobil-Ausstellung.«[6] Richtig.

Inzwischen ist die Idee des Elektroantriebs für Pkw – wenn auch mit zehnjähriger Verspätung – auch bei den deutschen Automobilkonzernen angekommen. Es gibt jetzt sogar E-SUV-Serienmodelle wie den 2400 Kilogramm schweren, 408 PS starken Mercedes EQ C, der in 5,1 Sekunden von 0 auf 100 Stundenkilometer beschleunigen kann. Ein schöner Schritt Richtung Verkehrswende und auch benutzerdienlich bei durchschnittlichen Geschwindigkeiten von 24 (Berlin) bis 35 (München) Stundenkilometern innerstädtisch.

»Globalisierung hin oder her – ich möchte, dass die deutsche Mobilitätswirtschaft, sage ich einmal, die Automobilindustrie, nach wie vor führend bleibt oder immer wieder führend wird.« Deutlicher kann es die deutsche Bundeskanzlerin kaum sagen. Für die Bundesregierung ist Mobilitätswirtschaft ausschließlich der motorisierte Individualverkehr (MIV). Und für dessen Bedürfnisse können auch Gesetze geändert werden:

»Nun stellt sich als wesentliche politische Aufgabe, im Gespräch mit Ihnen zu klären: Wie bekommen wir möglichst schnell eine verlässliche Ladeinfrastruktur? In diesem Zusammenhang gibt es so interessante Aufgaben wie die Reform des Wohneigentumsgesetzes. Denn bei Häusern mit mehreren Mietparteien bzw. Eigentumsparteien müssen alle Eigentümer zustimmen, dass in ihrem Haus eine Ladeinfrastruktur installiert werden kann. Sie können sich vorstellen, wie lange das dauern kann. Insofern müssen wir Wege finden, dass nicht einer alles aufhalten kann. So wird nach meiner heutigen Einschätzung die Elektromobilität der alternative Antrieb sein, den wir inklusive einer Ladeinfrastruktur flächendeckend ausrollen müssen.«[7]

Gesetze sollen also geändert werden, sogar der Föderalismus könne dabei überdacht werden. Und die Automobilindustrie ist eingeladen, die Legislative zu beraten.

Nicht dabei sein durfte erstmals Frankfurts Oberbürgermeister Peter Feldmann. Der Verband der deutschen Automobilindustrie (VDA), Veranstalter der Messe, änderte das Protokoll und strich die Rede des Aufsichtsratsmitglieds der Messe aus dem Programm. Feldmann veröffentlichte den Text daraufhin bei Facebook. Darin heißt es unter anderem zum Thema Dieselskandal:

»Es (geht) darum, dass Menschen, die sich im guten Glauben ein Auto gekauft haben, nicht auf kaltem Wege durch Fahrverbote enteignet werden. Wir dürfen die Verantwortung für die Produkte nicht bei den Verbraucherinnen und Verbrauchern abladen, sondern wir brauchen eine Automobilindustrie, die sich gesetzeskonform verhält. Beweisen wir, dass deutsche Innovationskraft nicht darin besteht, gesetzliche Vorgaben zu umgehen, sondern die umweltschonendsten und zukunftsfähigsten Produkte zu entwickeln. Ich möchte ehrlich sein: Frankfurt braucht mehr Busse und Bahnen, aber nicht mehr SUVs. Es kann nicht sein, dass gefordert wird, Parkhäuser neu zu bauen, weil immer mehr Autos für die bestehenden Stellplätze zu groß geworden sind. Wir brauchen eine Mobilitätswende, um den Klimawandel aufzuhalten. (…) wir brauchen einen ökologischen Umbau der Industrie, bei dem niemand auf der Strecke bleibt, nicht die Verbraucher, nicht die Beschäftigten der Branche, aber auch nicht die Umwelt. Ich wünsche mir, dass der Wandel gelingt und wir einen technologischen Fortschritt bekommen, aus dem endlich ein Fortschritt für alle wird. Wirtschaft und Ökologie dürfen nicht gegeneinander ausgespielt werden. (…) Unserer IAA wünsche ich Erfolg, ich wünsche allen Teilnehmern Offenheit und Empathie den Forderungen der vielen jungen Menschen gegenüber. Begreifen wir die sozial-ökologische Verkehrswende als unsere gemeinsame Herausforderung. Ich danke Ihnen.«[8]

Feldmanns ungehaltene Rede wurde zumindest im Internet ein viraler Erfolg.

Und er hatte den Dieselskandal angesprochen. Richtig, da war doch was. Beziehungsweise, da ist noch immer etwas im Argen.

## Der Dieselskandal

Wie weit sich die Automobilindustrie im rechtsfreien Raum bewegt, machte der Dieselskandal deutlich. So wurde im September 2015 bekannt, dass Volkswageningenieure die Motorsteuerung mit einer Software ausstatteten, welche die Leistung des Motors reduzieren und eine zusätzliche Reinigungsstufe im Auspuff aktivieren konnte. Dank bereits vorhandener Sensoren für andere Fahrzeugbestandteile wie das Antiblockiersystem, erkennen Autos, wenn sie auf dem Prüfstand stehen. In diesem Augenblick schaltet die Motorsteuerung dann in den Schadstoffsparmodus und lässt die Fahrzeuge sauberer erscheinen, als sie bei normalem Betrieb sind.[9] Später wurde bekannt, dass auch Porsche, BMW, Daimler, Opel und Audi in ähnlicher Form betrogen hatten. Anstatt daran zu arbeiten, den Kfz-Verkehr weniger umweltschädlich zu gestalten, wurde von der Automobilindustrie daran geforscht, wie man den Schein verändern könne. Hinter dem Vorhängeschild der vergleichsweise guten Werte wurden zwei Parteien geschädigt: Zum einen die Umwelt inklusive der atmenden Mitmenschen des Autokäufers, zum anderen der Autokäufer selbst, der nun einen Wagen besitzt, der den Abgasnormen nicht entspricht. Betroffen sind allein in Deutschland unter anderem etwa 2,8 Millionen VW-Fahrzeuge.[10]

Der Skandal wurde in den USA aufgedeckt. In Europa sind zumindest sogenannte Optimierungen für den Prüfstand an der Tagesordnung: Bei den Testverfahren dürfen Rückspiegel entfernt und die Ritzen zwischen Karosserieteilen abgeklebt werden, um den Luftwiderstand zu senken. Es werden schmalere Reifen als bei den Modellen üblich verwendet, die auch noch stark aufgepumpt werden.[11] Diese Form der realitätsfernen Messungen zur Bestimmung offizieller Abgaswerte ist in Europa tatsächlich regelkonform.

Doch was selbst unter diesen Bedingungen noch zum Skandal werden konnte: die Manipulation an der Software. Wie handelte die deutsche Politik? Sie setzte sich für die Automobilindustrie ein – und damit gegen Verkehrswende, Verbraucher- und Umweltschutz. Eine kurze Zusammenfassung: Bundeswirtschaftsminister Sigmar Gabriel (SPD) bezeichnete den Skandal nach Bekanntwerden im September 2015 als »schlimme[n] Vorfall«, betonte aber, der Begriff Made in Germany sei weltweit ein Qualitätsbegriff. Am 8. Oktober 2015 warnte er beim Europäischen und Weltkonzernbetriebsrat von Volkswagen in Wolfsburg vor dem Abbau der 70 000 Arbeitsplätze, die an der modernen Dieseltechnologie hängen.[12] Am 4. Oktober 2015 gab Bundeskanzlerin Angela Merkel gegenüber dem Deutschlandfunk zwar zu, dass die Affäre um geschönte Abgaswerte ein einschneidendes Ereignis sei. Doch glaube sie nicht, dass das Vertrauen in die deutschen Unternehmen derart erschüttert sei, dass der gute Ruf des Wirtschaftsstandorts Deutschland darunter leide.[13]

Neben den offiziellen Bekundungen übte die Bundesregierung nach Bekanntwerden des VW-Skandals nach Presseangaben Druck auf die EU-Kommission und das EU-Parlament aus, um die gesetzlich vorgeschriebenen Grenzwerte so weit zu schwächen, dass nun auch Autos Zulassungen erhalten, die die zum Zeitpunkt der Entscheidung gültigen Grenzwerte für Schadstoffausstoß um das Doppelte übertreffen.[14]

Die deutsche Botschaft in den USA betonte zudem gegenüber der US-Administration, dass eine Beschädigung des VW-Konzerns nicht im Interesse der deutsch-amerikanischen Beziehungen sei.[15]

Daneben fanden diverse sogenannte Dieselgipfel statt, bei denen sich jeweils Politiker mit Vertretern der Automobilindustrie trafen, während vor dem Bundeskanzleramt demonstrierende Vertreter der nicht eingeladenen NGOs vom ADAC bis zur Deutschen Umwelthilfe standen.

»In der Nacht vom 1. zum 2. Oktober 2018 fand erneut ein Dieselgipfel statt. Dabei wurde ausgehandelt, dass Autos der Schadstoffklassen Euro 4 und Euro 5 in Zonen mit Fahrverboten fahren dürfen, wenn sie weniger als 270 Milligramm Stickoxid pro Kilometer ausstoßen. Bislang liegt die Grenze für Euro-5-Fahrzeuge bei 180 Milligramm und bei Euro-4-Fahrzeugen bei 250 Milligramm. Demnach sollen Autobesitzer von Euro-4- und Euro-5-Fahrzeugen von sogenannten Umstiegsprämien profitieren können. Autobesitzer von Euro-5-Fahrzeuge in vierzehn ›besonders belasteten Städten‹ (München, Stuttgart, Köln, Reutlingen, Düren, Hamburg, Limburg, Düsseldorf, Kiel, Heilbronn, Backnang, Darmstadt, Bochum und Ludwigsburg) sollen durch Hardware-Nachrüstungen zur Reduktion des Stickoxidausstoßes beitragen. Opel und BMW kündigten indes bereits an, solche Nachrüstungen (SCR-System) nicht anbieten zu wollen. Der SCR-Katalysator zur Senkung der NOx-Emissionen wird in Diesel-Fahrzeuge für den US-Markt von BMW serienmäßig verbaut«.[16]

Überraschend kommt dieser Einsatz der Bundesregierung für die Interessen der Automobilindustrie nicht. Eine Klimapolitik, die den Verkehrssektor einschloss, gab es noch nie. Am 30. Januar 2007 etwa hielt Angela Merkel beim Europatag des Industrieverbands BDI eine Rede. Nach einigen wohlfeilen Worten zur Notwendigkeit des Klimaschutzes (es gibt »viel tun« und man müsse »schnell handeln«) setzte sie sich ausgerechnet für die deutschen Auto-Industrie ein. Die hatte ihre Selbstverpflichtung aus dem Jahr 1998 zur Senkung des $CO_2$-Ausstoßes deutlich verfehlt. Dazu sagte die Kanzlerin lediglich, »So weit, so nicht gut«. Sie kündigte jedoch an, gegen strenge Vorgaben der EU, die Umweltkommissar Dimas zuvor angekündigt hatte, mit aller Kraft vorzugehen.[17]

Die Bundesregierung stand somit für eine weitere Förderung des Kfz-Verkehrs, auch wenn es bestehende Gesetze brechen sollte.

Wer es hingegen sinnvoll findet, bestehende Gesetze anzuwenden, ist die Deutsche Umwelthilfe (DUH). In ihrem »12-Punkte-Plan für Klimaschutz und eine zukunftsfähige Automobilindustrie«[18] fordert sie dazu auf, dass die deutschen Automobilhersteller gegenüber der Öffentlichkeit und den elf Millionen betroffenen Besitzern von Diesel-Pkw alle verbauten Abschalteinrichtungen offenlegen müssen, unabhängig davon, ob sie diese für legal halten oder sie bereits von Gerichten oder Behörden als illegal eingestuft wurden. Zudem sollen die Automobilkonzerne ihr Einverständnis erklären, dass das Bundesministerium für Verkehr und digitale Infrastruktur (BMVI) und das Kraftfahrt-Bundesamt (KBA) alle relevanten Diesel-Akten und vor allem alle Messprotokolle der realen Abgas- wie $CO_2$-Emissionen der vom Diesel-Abgasbetrug betroffenen Fahrzeuge veröffentlichen werden. Die DUH klagt seit fast vier Jahren auf deren Offenlegung und hat in allen Instanzen die Verfahren gewonnen. Das BMVI und das KBA weigern sich jedoch unter Verweis auf die Autokonzerne, die Urteile umzusetzen.[19]

Darüber hinaus wäre es angemessen, wenn die deutschen Autokonzerne sich verpflichteten, an allen elf Millionen Diesel-Pkw der Abgasstufe Euro 5 und Euro 6 eine für die Besitzer kostenfreie Hardware-Nachrüstung durchzuführen. Schließlich haben sie zuvor betrogen – und müssten nun den selbst angerichteten Schaden bei den Betroffenen wieder ausmerzen.

Sinnvoll wäre auch, die Chance des Dieselskandals zu entdecken und ihn zum Anlass zu nehmen, den Dieselkraftstoff nicht weiter zu subventionieren. Stattdessen könnte die Kfz-Steuer mit einer Bonus-Malus-Regelung entsprechend den realen $CO_2$-Emissionen verändert werden.

## Und auf einmal ist Platz da – Der E-Tretroller

Wer sich nicht mit den größten Gefährdern, Platzräubern und Umweltsündern auseinandersetzen möchte, der nutzt auch gern mal Nebenschauplätze als Ablenkung. Und dann kann es in der Politik auch überraschend schnell gehen. Zum Beispiel, wenn etwas so innovativ und modern daherrollt wie ein zu mietender E-Roller. Laut ihrem Fürsprecher Bundesverkehrsminister Scheuer sollten die E-Roller die Verkehrswende voranbringen. Das wäre vielleicht ein interessanter Ansatz, wenn es sich dabei um eine ökologische Verkehrsform handeln würde, die das Auto zumindest in Teilen ersetzen könnte. Also so etwas wie ein Bus oder ein Fahrrad. Der E-Roller indes, so die Idee des Ministers, sollte lediglich die oft als letzte Meile bezeichnete Strecke von der U- oder S-Bahnhaltestelle nach Hause, zur Arbeit oder zu jedem anderen Ziel überwinden. Mehr als diese letzte Meile ist ihm ohnehin nicht zuzutrauen, schließlich ist der E-Scooter mit einer Maximalgeschwindigkeit von 20 Kilometern pro Stunde für weite Strecken nicht nur zu langsam, sondern wegen der Leihgebühren auch zu teuer. Für diese kurzen Strecken, seien es nun letzte Meilen oder schlicht der Gang zum Bäcker oder einem ein paar Straßen weiter wohnenden Freund, nahmen die meisten E-Roller-Fahrer bislang jedoch das umweltfreundlichste Verkehrsmittel überhaupt: die Füße.

Im Vergleich zum E-Scooter weisen Füße erhebliche ökologische Vorteile auf: Sie brauchen zum Beispiel keine Akkus und müssen nicht mehrere Stunden an die Steckdose angeschlossen werden, um wieder voll aufgeladen zu sein. Akkus können nur unter ganz bestimmten Bedingungen überhaupt umweltfreundlich sein: Ihre Energiebilanz muss hoch sein, da eine längere Nutzungsdauer den ökologischen Abdruck verkleinert. Bei den meisten Akkus wird empfohlen, den Energiespeicher nur bis zu einem Ladestand von 40 Prozent zu entladen und anschließend lediglich bis 90 Prozent wieder zu laden. Auch sollte der Akku keinen Temperaturen über 25 °C oder unter 15 °C ausgesetzt sein, da sich sonst seine Lebensdauer verkürzt. Für Fahrradakkus gibt es deshalb sogar Neopren-Schutzcover, die warm halten und vor Schmutzwasser, Salz und Dreck schützen. Ein Leih-E-Tretroller kann von so einem Maßanzug nur träumen – und wartet auch bei inzwischen in Deutschland häufiger mal im Schatten gemessenen Temperaturen von 30 °C in der prallen Sonne auf den nächsten Kunden.

Neben der Lebensdauer hat auch der geladene Strom Einfluss auf die Nachhaltigkeit eines Akkus – kommt also aus der Steckdose Ökostrom, oder musste erst ein alter Forst abgeholzt werden, um an besonders emissionsintensive Braunkohle zu kommen? Einige Anbieter der E-Scooter beschäftigen (freiberufliche) Mitarbeiter dafür, die Roller selbständig einzusammeln und bei sich zu Hause aufzuladen. Ökostrom dürfte da nur zufällig mal fließen. Und unterwegs zur Stromtankstelle sind die Tretroller mit Benzin oder Diesel betriebenen Kfz. So kommen auf einen per E-Scooter zurückgelegten Kilometer ganze 500 Meter Autofahrt zusammen.[20]

Nicht umweltfreundlich ist auch die geringe Lebensdauer der Leihroller von etwa vier bis sechs Monaten. Denn während die Geräte im Privatbesitz meist gehegt und gepflegt werden, brettern Mieter gern auch über Bordsteinkanten, fahren zu zweit oder werfen das ganze Gerät gleich in einen Kanal.

Solange E-Tretroller in erster Linie in Innenstädten aufgestellt werden, wo ohnehin nur noch eine Minderheit der Strecken mit dem Auto zurückgelegt wird, dürfte ihr Verkehrswende-Potenzial im Promillebereich liegen.

Lohnenswert waren sie aber auf jeden Fall im Bereich der medialen Aufmerksamkeit, die sich über Wochen vom Hauptgefährder der Straße abwandte und auf die neuen Hipster- und Touristenmobile fokussierte. Beendet wurde dieser Ritt erst durch einen Verkehrsunfall in Berlins Zentrum, bei dem ein Autofahrer vier an der Ampel wartende Fußgänger tötete, darunter ein dreijähriges Kind. Der Unfall machte allen Stadtbewohnern erneut deutlich, wer in ganz überwiegendem Maße für die Enge, den Dreck und die Lebensgefahr im Straßenverkehr verantwortlich ist.

## Helmpflicht – Der immer gleiche lahme Gaul wird durchs Dorf getrieben

Ein anderer Nebenschauplatz, um vom Verursacherprinzip und von wichtigen Infrastrukturmaßnahmen – die die Anzahl von Unfällen reduzieren könnten – abzulenken, wird von der Politik immer wieder mal aus der Ablage gekramt: die Idee von der Helmpflicht für Radfahrer. Schließlich liegt die Idee ja auch auf der Hand: Die Mehrheit der Verkehrstoten insgesamt sind Autofahrer. Die Mehrheit der Verkehrstoten innerhalb geschlossener Ortschaften sind Fußgänger. Die tödlichste Gefahr pro gefahrenen Kilometer liegt bei den Motorradfahrern.

Die große Mehrheit der tödlichen Radfahrunfälle sind Zusammenstöße mit Kfz – die mehrheitlich von den Kfz-Lenkern verursacht werden. Doch anstatt effektive Maßnahmen zu ergreifen, die solche Unfälle verhindern, wird auf die Helmpflicht verwiesen. Dabei hat noch nie ein Helm einen Unfall verhindert – was ja doch aber das primäre Ziel der verkehrspolitischen Entscheidungen sein sollte: Unfälle zu verhindern, anstatt nur ihre Folgen abzumildern.

Die Einführung einer Helmpflicht wurde schon andernorts erprobt und wieder verworfen, denn in Australien ging die Anzahl der Fahrradfahrer nach Einführung der Helmpflicht um 30 Prozent zurück[21]. In Holland und Dänemark gibt es wesentlich mehr Radfahrer als in Deutschland, keine Helmpflicht und weniger Unfälle. Nicht ein Helm schützt vor Unfällen, sondern eine bessere Infrastruktur für Radfahrer wie etwa besser ausgebaute Radwege und eine Trennung der Verkehrsarten. Für deutlich weniger Unfälle würde auch eine stärkere Geschwindigkeitsbegrenzung für Autos sorgen, da sich der Anhalteweg bei geringerer Geschwindigkeit erheblich verkürzt.

Eine der besten Unfallvermeidungsstrategien ist eine hohe Radfahrerdichte: Wenn im Bewusstsein der Kraftfahrzeugführer verankert ist, dass sie mit diesen Verkehrsteilnehmern rechnen müssen, dann wird genauer hingeschaut. Anderenfalls wird eben »übersehen«. Wer Lust hat auf ein Experiment, wie es um die eigene Aufmerksamkeit bestellt ist, der sucht auf Youtube das Video »The Monkey Business Illusion«. Die beste Strategie zur Vermeidung von Unfällen ist Aufklärung und die Schärfung von Aufmerksamkeit von allen Verkehrsteilnehmenden. Wie oben beschrieben ist die häufigste Ursache von Unfällen unangepasste Geschwindigkeit. In der Stadt steht die Unachtsamkeit beim Abbiegen und Einparken mit an oberster Stelle. Wenn Autofahrer es also verinnerlichen würden, auf die anderen Verkehrsteilnehmer zu achten und dabei die Sicherheitsmaßnahmen zu pflegen, die sie irgendwann einmal gelernt haben, dann würde es zu deutlich weniger Unfällen kommen.

Doch von diesem Zusammenhang wird in der Berichterstattung gern abgesehen und stattdessen auf das Tragen eines Helmes abgelenkt. Bisher sind es nur angenehme Ausnahmen, die zwar auf den Helm hinweisen, aber zumindest die Verschuldung eines Unfalls klar verorten:

>>Der Rentner prallte völlig unverschuldet gegen eine Autotür, die direkt vor seiner Nase aufgerissen wurde. Der 86-Jährige, der kei-

nen Helm trug, krachte mit dem Kopf auf den Asphalt. Dabei erlitt er ein Schädelhirntrauma mit einer Hirnblutung. Der Radfahrer starb wenige Stunden später im Krankenhaus. (...) Der Rentner radelte auf der Ottostraße in Ottobrunn. Kurz zuvor hatte ein 62-jähriger Münchner in derselben Straße am rechten Fahrbahnrand eingeparkt. Just, als er aussteigen wollte und die Fahrertür öffnete – offenbar ohne richtig zu schauen, ob von hinten jemand kommt –, kam der 86-Jährige angeradelt. Der Rentner konnte nicht mehr rechtzeitig bremsen. Er prallte mit seinem Fahrrad gegen die Tür und stürzte mit dem Kopf auf die Straße. Die Polizei ermittelt wegen fahrlässiger Körperverletzung mit Todesfolge gegen den Autofahrer.«[22]

Individuelle Gründe, einen Helm zu tragen, egal bei welcher Verkehrsmittelnutzung, gibt es natürlich: Bei geringer Geschwindigkeit und bei Alleinunfällen können auch derzeit im Handel erhältliche Helme Unfallfolgen vermindern. Verbesserungsbedarf besteht noch hinsichtlich der bei Tests geforderten niedrigen Norm hinsichtlich der Aufprallgeschwindigkeit sowie des eingeschränkten Schutzbereichs – anders formuliert: Wer auf Stirn oder Schläfe aufprallt oder frontal mit einem fahrenden Auto zusammenstößt, hat auch mit Helm vermutlich erhebliche Kopfverletzungen.

Tatsächlich trugen zum Beispiel laut dem Innenministerium Baden-Württembergs 30 Prozent der 2013 im Bundesland getöteten Radfahrer einen Helm, während die allgemeine Helmtragequote mit nur 13 Prozent angegeben wurde.[23] Bundesweit trugen 2015 23 Prozent der getöteten Radfahrer einen Helm.[24] Und das, obschon zumindest bei einer Erhebung zwei Jahre zuvor durchschnittlich nur 15 Prozent überhaupt mit Kopfschutz unterwegs waren.[25] Diesen Daten nach zu urteilen, sind Helmträger also besonders gefährdet, einen tödlichen Unfall zu erleiden. Warum dem so ist, hat noch niemand untersucht, an dieser

Stelle sollen deshalb drei Vermutungen herhalten: Vor allem Radfahrer, die oft und lange mit dem Rad unterwegs sind, tragen einen Helm. Und wer länger auf der Straße ist, hat ein größeres Risiko, einem Unfall zum Opfer zu fallen. Darüber hinaus setzen manche Radfahrer den Helm falsch auf. Im Falle eines Sturzes können Unfallfolgen damit noch verstärkt werden. Und zum Dritten werden Helm tragende Radfahrer enger überholt, wie eine Studie der Universität Bath belegt. Die Gefahr eines Unfalls steigt dadurch.[26]

Noch sinnvoller als ein Helm wäre deshalb das Tragen eines Fahrrad-Airbags. Diesen stellt seit einigen Jahren eine schwedische Firma her.[27] Er wird wie eine Halskrause getragen. Im Falle eines Sturzes löst ein Sensor den Airbag aus – der dann mit einem Knall Hals und den Kopf bis tief in den Stirnbereich hinein durch eine luftgefüllte Matte umschließt. Anders als bei herkömmlichen Fahrradhelmen werden so auch Halswirbel und Schläfen geschützt. Einziger Nachteil ist der hohe Anschaffungspreis von immerhin 300 Euro – und der Fakt, dass sich auch ein Radairbag nur einmal nutzen lässt und anschließend ersetzt werden muss. Außerdem weiß das Sicherheitstool auch nicht, ob der Nutzer gerade nur wegen einer schlecht festgespannten Tasche ins Kippen gerät und lediglich vorhat, sich gelassen auf dem gerade befahrenen Waldweg abzufangen. Ausgelöst wird zuverlässig immer – und es kann zum Neukauf geschritten werden. Wer individuell einen Helm oder einen Fahrrad-Airbag tragen möchte, kann das gern machen – für politische Entscheider wäre es jedoch wichtig, sich um Maßnahmen zur Unfallvermeidung zu kümmern und Radfahren auch weiterhin als das zu sehen, was es ist: keine Risikosportart, sondern eine Mobilitätsform, die gesund hält.

# Die gute Infrastruktur

Wer über den Mangel an guter Radinfrastruktur spricht, muss auch beschreiben, wie diese aussehen könnte. Hier ein paar Tipps:

**Abstand!** Radwege und Radstreifen dürfen nicht direkt am parkenden Autoverkehr vorbeigeführt werden, da dies zu Unfällen durch achtlos geöffnete Autotüren prädestiniert.

**Breiter!** Der Radverkehrsanteil wächst und braucht mehr Platz. Nicht nur in Radwegkilometern, sondern auch in deren Breite. Radfahrer sind im Gegensatz zum MIV mit sehr unterschiedlichen Geschwindigkeiten unterwegs. 2,5 Meter breite Wege würden der Fahrradkurierin ein gefahrloses Überholen des Rentners auf Einkaufstour ermöglichen. Zum Vergleich: Eine für den motorisierten Verkehr vorgesehene Fahrspur hat in Deutschland eine Breite von 2,75 bis 3,75 Metern.

**Trennen!** Wer Verkehrsarten trennt, minimiert Unfallrisiken. Solange es noch Autos in den Städten gibt, müssen diese getrennt vom Rad- und Fußverkehr geführt werden. In der Übergangsphase der Verkehrswende müssen im Sinne der Vision Zero bei gemeinsam genutzten Flächen zumindest die Ampelphasen getrennt werden, um Abbiegeunfälle endlich zu unterbinden.

**Informieren!** Nach Untersuchungen in deutschen Großstädten ist knapp die Hälfte aller Autofahrten weniger als fünf Kilometer lang. Hier ist das Rad schneller.[28]

# Über veröffentlichte Wahrnehmung und Wirklichkeit

»Die Welt, in der wir leben, existiert nicht als objektiv vorhandene Wirklichkeit. Das, was wir als Wirklichkeit erleben, entsteht fortwährend von neuem in Form einer Übereinkunft mit anderen Menschen, die die Welt ähnlich wahrnehmen, aber niemals genauso auffassen, wie wir selbst. Die Welt ist ein Konstrukt. Was wir als ›objektive‹ Wirklichkeit wahrnehmen, wird erst durch uns selbst mit Hilfe kognitiver Fähigkeiten erzeugt.«[1]

Hilfe zur übereinstimmenden Herausbildung solcher gemeinsamen Konstrukte bieten die Medien. Es geht dabei zum einen darum, was berichtet wird. So liegt es in der Natur der Medienlandschaft, dass mit manchen Überschriften keine Zeitung aufmacht: »Wahnsinn: Mehr als 5 Millionen Radfahrer kamen heute sicher an ihr Ziel!« »Schwerpunktkontrolle der Polizei: 98 Prozent der Radfahrer mit funktionierenden Bremsen unterwegs«, »Zack und weg: Mit dem Rad zum Einkaufen!« Zum anderen geht es darum, wie über etwas berichtet wird – und unsere Wahrnehmung beeinflusst.

## Übersehen oder Vorfahrt nehmen?

Manchmal macht da die Wortwahl schon einen großen Unterschied:

»Eine 48-jährige Autofahrerin aus Hechendorf sei auf der Staats-straße 2070 mit ihrem Pkw von Hechendorf kommend in Richtung Schloss Seefeld unterwegs gewesen und wollte fast genau gegen-über dem Schloss nach links auf die Herrschinger Straße Richtung Ortsmitte Oberalting abbiegen, teilte die Herrschinger Polizei mit. ›Dabei übersah die 48-Jährige einen entgegenkommenden 47-jäh-rigen Fahrradfahrer aus dem Landkreis Starnberg. Der Fahrrad-fahrer kollidierte daraufhin mit dem abbiegenden Pkw und musste mit lebensgefährlichen Kopfverletzungen mittels eines Rettungs-hubschraubers in ein Münchner Klinikum gebracht werden‹, heißt es im Bericht weiter.«[2]

Die Pkw-Fahrerin hat den Radfahrer »übersehen«. Ein kleiner Fehler, der für den Übersehenen tödlich enden kann.

Etwas weniger vorsichtig klingt es schon hier:

»Wie die Polizei berichtet, ereignete sich der Unfall gegen 8.30 Uhr. Um diese Zeit fuhr eine 48-Jährige mit ihrem BMW von der Straße Am Brühlbach in die Nördliche Ringstraße. Die Frau habe aber nicht aufgepasst, so die Polizei. Deshalb habe sie einen Radler übersehen, der von rechts kam. Der 77-Jährige stieß mit dem Auto zusammen. Er erlitt dadurch leichte Verletzungen. Die Polizei er-mittelt jetzt gegen die 48-Jährige. Sie sieht einer Strafanzeige ent-gegen.«[3]

Und wenn man jetzt die Autofahrerbrille ganz abnimmt, klingt eine Verkehrsmeldung so: »Am Mittwoch fuhr ein 67-jähriger Radfahrer gegen 11.45 Uhr auf dem Radweg An der Talle in Rich-tung Schloß Neuhaus. Eine 68-jährige Skodafahrerin bog aus dem Angelnweg ein und missachtete die Vorfahrt des Radlers. Der Senior stürzte und verletzte sich leicht.«[4]

Und genau darum geht es: Die laut StVO geltende Vorfahrt des Radfahrenden wurde in allen drei Fällen vom Autofahrenden missachtet. Alles andere sind nur Vermutungen, warum dies der Fall war.

Dieser Sicht entgegengesetzt hört man in den Medien selten, dass Radfahrer ein Auto »übersehen«. Stattdessen nehmen Radfahrer dort stets die Vorfahrt:»Radfahrer missachtet Vorfahrt und wird von Auto erfasst: (...) Wie die Polizei berichtet, wollte der Radfahrer die Staatsstraße 2177 bei Kirchenlamitz überqueren. Er kam von einem Feldweg. Ohne auf das Zeichen ›Vorfahrt gewähren‹ zu achten, fuhr der Radfahrer in die Straße ein.«[5] Das gilt selbst schon für Kinder:»Fahrradunfall: Zehnjähriger nimmt Autofahrerin die Vorfahrt« steht in der Überschrift. Dass die Autofahrerin sich nicht auf den Verkehr konzentriert hat, wird nur kurz im Fließtext erwähnt:

»Ein zehnjähriger Junge ist Montagabend mit seinem Fahrrad in Duisburg Hochfeld unter ein Auto gekommen. Er bog gegen 21 Uhr von der Antonien- in die Sedanstraße ab und nahm dabei einer Corsa-Fahrerin die Vorfahrt, die auf der Sedanstraße Richtung Hochfeldstraße fuhr. Der Junge stürzte und verletzte sich zum Glück nur leicht an Arm und Knie, die Schürfwunden konnten ambulant im Krankenhaus behandelt werden. Die Autofahrerin aus Gladbeck hat laut Polizeibericht erklärt, sie sei durch ihr Handy abgelenkt gewesen.«[6]

## Rüpel-, Kampfradler und Radrowdys

Autofahrer verursachen die meisten Unfälle und verhalten sich schon durch die Wahl ihres Verkehrsmittels aggressiv gegenüber dem Rest der Bevölkerung, da sie der Allgemeinheit übergebührlich Platz wegnehmen, Gemeinkosten verursachen, Lärm und Gestank produzieren und der Umwelt schaden. Als ginge es um ein Menschenrecht kämpfen sie um jeden Parkplatz, halten sich nicht an Verkehrsregeln und blockieren auch schon mal den Rettungseinsatz für ein Kleinkind, weil sie sich in ihrer freien Fahrt beschränkt fühlen.[7] Aber egal, was er auch tut: Medial bleibt ein Autofahrer in aller Regel ein Autofahrer.

Von »Rüpelradler« hingegen schreibt sogar die Polizei und wird gern voll begrifflich zitiert:

> »Einen Rüpelradler sucht die Polizei in Ascheberg. Der schlanke, ca. 25-jährige Mann mit dunkelblonden Haaren und Brille trat am Donnerstag, 25. 4. 2019 um 17.30 Uhr im Vorbeifahren eine Beule in den Seat einer 28-jährigen Aschebergerin und beleidigte anschließend einen 54-jährigen Ascheberger. Zudem hatte der Rüpelradler den 54-Jährigen bespuckt, bevor er flüchtete.«[8]

Auch der »Rad-Rowdy«[9] wird von der Polizei gesucht. Und ist vermutlich gerade auf Tour zusammen mit dem »Rambo- oder Kampfradler«:

> »Ob ›Rüpel-‹, ›Rambo-‹, oder ›Kampfradler‹: Es gibt viele Begriffe für Fahrradfahrer, die unter Missachtung jeglicher Verkehrsregeln andere gefährden. Doch dieses Klientel mit Ellenbogenmentalität muss sich nun nicht nur auf Grund des Beginns der kalten und dunklen Jahreszeit warm anziehen. Ab Montag nimmt die Verkehrspolizei Nürnberg eine Woche lang Radler ins Visier. Angesichts der bevorstehenden Herbst- und Wintermonate überprüfen die Beamten zusätzlich die Benutzung und richtige Ausrüstung der Fahrradbeleuchtung.«[10]

Richtig, »es gibt viele Begriffe für Fahrradfahrer, die unter Missachtung jeglicher Verkehrsregeln andere gefährden«. Und die Nutzung dieser Begriffe formt die Wahrnehmung der Bevölkerung von der Wirklichkeit. Wer Interesse an einer sachlichen, ausgewogenen Berichterstattung hat, kann sich also entscheiden. Entweder er belässt den Radfahrer als Radfahrer und schreibt dazu, welches Fehlverhalten ihm im konkreten Falle anzulasten ist. Oder Geschwindigkeitsüberschreitende, eng überholende, blind abbiegende Autofahrer werden ebenfalls als Raser, Kampf-, Rambo- und Rüpel-Autofahrer bezeichnet.[11]

Wie absurd die Begrifflichkeit teilweise verwendet wird, zeigt das Doppel aus Bild-Zeitung und CDU-Politiker in einem Artikel zu Vorschlägen der Grünen anlässlich der Verkehrsministerkonferenz im April 2019:

> »Der stellvertretende Vorsitzende der Unions-Bundestagsfraktion, Ulrich Lange, kritisierte: ›Die Komplettfreigabe beim Rechtsabbiegen kann ich mir nicht vorstellen. Radfahrer sind gerade an Kreuzungen besonders zu schützen. Ich halte diese Maßnahme für eine Steilvorlage für Radrowdys.‹«[12]

Moment – »Radrowdys« waren doch Radfahrer, die sich nicht an Verkehrsregeln halten, oder? Wenn das Rechtsabbiegen an Kreuzungen freigegeben wird, würden Radrowdys dann trotzdem stehen bleiben? Und seit wann wird Wert auf den besonderen Schutz von Radfahrern an Kreuzungen gelegt? Dort werden doch jedes Jahr Dutzende von ihnen durch abbiegenden Kfz-Führer zu Tode gefahren. Was für ihn nachvollziehbares Rowdytum im Straßenverkehr bedeutet, macht im selben Artikel der verkehrspolitische Sprecher der FDP-Bundestagsfraktion, Oliver Luksic, deutlich: »Ein Mindestabstand beim Überholen ist nicht überall räumlich möglich und nur schwer zu kontrollieren.«[13] So ist es. Und deshalb überholen Kampfautomobilisten eben auch mal einen Radfahrer mit 30 Zentimetern Abstand, anstatt schlicht einen Augenblick auf die maximale Höchstgeschwindigkeit zu verzichten. Es kontrolliert ja ohnehin niemand.

Inzwischen wird in den Medien indes auch die Aggressivität von Autofahrern im Straßenverkehr angesprochen und deren fatalen Folgen. Dabei wird die geringe Hemmschwelle im Straßenverkehr von Psychologen mit dem Verhältnis zum eigenen Auto in Verbindung gebracht. Der eigene Pkw wird als Trutzburg wahrgenommen und alle anderen Verkehrsteilnehmer als anonyme Hindernisse und Fremdkörper, gegen die man sich mit seinem Auto durchsetzen muss. Besonders bei Menschen mit geringerer Selbstbeherrschung kann das zu einem Verhalten führen, dass schnell zu Unfällen führt. Deshalb fordern renommierte Experten für Verkehrssicherheit wie Siegfried Brockmann, dass Menschen mit einem hohen Aggressionspotenzial »erkannt und vom Straßenverkehr ausgeschlossen werden« sollten. »Die Mittel dafür seien ein entsprechend fokussiertes Punktesystem in der Flensburger Verkehrssünderkartei, die Einstufung von Raserei als Straftat, gezielte polizeiliche Überwachung möglichst mit zivilen Videowagen und die Anpassung von Fahrassistenzsystemen, die Raserei und andere Verkehrsverstöße erschweren. Letzteres wäre technisch längst machbar.[14]

Einer der Höhepunkte in der absurden Berichterstattung über Fahrradfahrer durfte Ende August 2019 erlebt werden. Die Polizei Berlin twitterte: »Gegen 12 Uhr soll in #Moabit ein unbekannter Fahrradfahrer einen Mann erschossen haben. Wir sind derzeit mit vielen Kolleg. vor Ort im Einsatz. Weitere Infos folgen.«[15] Dutzende Medien nahmen den Post als Anlass für Überschriften wie »Radfahrer erschießt Mann in Park: Haftbefehl wegen Mordes« (Berliner Morgenpost), »Berlin-Moabit: Radfahrer erschießt Mann – Tatverdächtiger wurde gefasst« (RTL) oder »Fahrradfahrer erschießt Mann in Berliner Park« (FAZ). Allein: Es handelte sich nicht um einen eskalierten Streit im Verkehr, bei dem sich, wie in Parks oft üblich, Fußgänger und Radfahrer in die Quere gekommen wären. Stattdessen ging es um einen gezielten Mord, bei dem der Täter lediglich ein Fahrrad nutzte. Twitternutzer fragten also nach, ob die Polizei vorhabe, demnächst auch zu schreiben »Autofahrer« beziehungsweise »Fußgänger erschoss Mann«. Viele Medienvertreter übernahmen die irreführende Formulierung. Dank Überschriften dürfte so bei manch eiligem Leser nur hängen geblieben sein, dass die Radfahrer jetzt auch noch schießen.

Und was ist, wenn so ein Radfahrer doch einmal rüpelt – wäre da nicht ein Kennzeichen von Vorteil, um ihn wenigstens dingfest machen zu können? Ja und nein. Immerhin begehen Kfz-Fahrer jährlich in Deutschland mehr als 250 000 Unfallfluchten, obschon sie theoretisch über das Kennzeichen gefunden werden könnten (wenn das Kennzeichen im Schockmoment eines Unfalls richtig notiert wird und wenn der Halter nicht abstreitet, gefahren zu sein). Ein Kennzeichen allein reicht also ganz offenbar vielen Menschen nicht, sich im Falle eines Vergehens auch den Konsequenzen zu stellen. Beispiel Hamburg: Dort wurden zwischen Januar und Juli 2017 ganze 10 200 mit dem Kfz begangene Fälle von Unfallflucht registriert! Aufgeklärt wurden 38 Prozent davon. Dem gegenüber standen nur 136 Fälle von Unfallflucht von Radfahrern (hier betrug die Aufklärungsquote 22,8 Prozent).[16]

Und tatsächlich hat ein Land auch schon mal Kennzeichen für Radfahrer ausprobiert. Ganze 120 Jahre lang war die Velovignette eine »Schweizer Eigenheit und ein Sinnbild für Ordnungsliebe und Kantönligeist«.[17] Erfunden worden war sie, um das Velo-, Kutschen- und Fußgängerchaos auf den Straßen des ausgehenden 19. Jahrhunderts einzudämmen. Verkehrsregeln gab es damals noch keine. Dafür aber zahlreiche Auseinandersetzungen, vor allem zwischen Kutschern und Radfahrern. Letztere waren dank der Erfindung des angenehm zu fahrenden Luftschlauchs plötzlich in Massen unterwegs. Um die Verkehrsteilnehmer nicht dem Gesetz des Stärkeren zu überlassen, führten die Kantone Verkehrsregeln und Nummernschilder ein. Die Metallschilder wurden ab 1906 zunächst nur für Autos ob-

ligatorisch, sodass diese Verkehrsteilnehmer im Falle eines Unfalls identifiziert werden konnten. Als Erfinder der Velonummer
gelten die Luzerner, wo das Durcheinander auf den Straßen wegen des wachsenden Tourismus und der vielen Hotelfahrzeuge
besonders ausgewachsen war. Im Laufe der Jahre vereinheit-
lichten sich die Velovignetten über die Kantonsgrenzen hinaus
über die ganze Schweiz. Im Jahr 1987 wurden die letzten Metallschilder ausgestanzt und die Vignette aus Kostengründen
fortan in Form von Selbstklebe-Etiketten verkauft. Der Nutzen
der Vignette wurde in der Schweiz jedoch immer wieder in Frage
gestellt. Schließlich war der Verwaltungsaufwand größer als
der Nutzen, da dort bereits 90 Prozent der Radfahrer über eine
private Haftpflichtversicherung verfügten. 2010 sprachen sich
schließlich beide Parlamentskammern für die Abschaffung der
Velovignette aus, sodass die Aufhebung der Vignettenpflicht am
1. Januar 2012 in Kraft trat. Seither muss der private Haftpflicht-
versicherer des Velofahrers für etwaige Unfallschäden aufkommen – oder der Fahrer selbst, wenn er nicht versichert ist.[18] Auch
eine Überführung von Unfallfahrern obliegt wieder Zeugen –
oder der allgemeinen Verkehrsmoral, die alle Menschen dazu
bringen würde, die Konsequenz ihres Verhaltens anzunehmen
und zu tragen.

# Die (Un)Rechtsprechung

## Ein Blick in die Straßenverkehrsordnung

Der Autoverkehr beansprucht die meisten Flächen im Straßenverkehr, verursacht die meisten Unfälle, schädigt die Gesundheit der gesamten Bevölkerung und wird noch finanziell subventioniert. Aber rechtlich sind doch alle gleich, oder? Nein, die Straßenverkehrsordnung (StVO) und das ihm übergeordnete Straßenverkehrsrecht (StVR) richten sich an den Bedürfnissen des motorisierten Verkehrs aus und ordnen diesem die Belange aller anderen Verkehrsteilnehmer unter: Bislang ist die Flüssigkeit des Kfz-Verkehrs oberstes Gebot der Gesetzgebung.[1]

Dieses Primat der »Flüssigkeit des Verkehrs« hat tiefgreifende Auswirkungen. Zum einen auf die Wahrnehmung: Man stelle sich einen innerstädtischen Raum mit einer durchgängigen Geschwindigkeitsbegrenzung von 25 Stundenkilometern vor. Autofahrer könnten die gut ausgebauten Rad- und Fußwege an manchen Stellen passieren, müssten aber dafür eine Ampel aktivieren und warten, bis sie auf Grün springt. Anschließend könnten sie zunächst den Radweg und nach erneutem Warten auch den Fußweg queren. Komische Idee? Komische Wirklichkeit, in der »fließender Verkehr« immer als fließender, motorisierter Verkehr gedacht wird. Das Primat der »Flüssigkeit des Verkehrs« schränkt auch die Entscheidungsfähigkeiten von Kommunen ein. Wer als Politiker irgendwo Parkplätze zu Radwegen umwidmet, Poller errichtet, um motorisierten Durchgangsverkehr zu beschränken, 30er-Zonen, Einbahn-, Spiel- oder Fahrradstraßen einrichtet, muss dies jedes Mal im Einzelfall begründen – und kann sich trotzdem sicher sein, von irgendwem verklagt zu werden.

Selbst Bundesverkehrsminister Scheuer sieht inzwischen Handlungsbedarf und legte im Juni 2019 immerhin eine Novellierung des StVO vor, auch die StVG soll 2020 reformiert werden. Indes sollen es überschaubare Änderungen sein. Das überrascht nicht bei einem Minister, der ein Tempolimit auf Autobahnen für »gegen jeden Menschenverstand«[2] hält. Hürden für die Einrichtung von geschützten Radwegen und Fahrradstraßen sollen etwa bleiben. Für geschützte Radwege etwa braucht es eine besondere Gefährdungslage, für eine Fahrradstraße muss das ohnehin schon vorherrschende Verkehrsmittel auf der Straße das Rad sein.

Angekündigt wurden hingegen unter anderem höhere Bußgelder für das Halten und Parken auf Schutzstreifen, die noch gern von Kfz-Lenkern als zweiter Parkstreifen angenommen werden. Die Bußgelder in Höhe von ganzen 20 Euro für das Parken auf Radwegen werden hingegen bleiben.

Nebenbei bemerkt: Wie Abschreckung tatsächlich funktionieren könnte, zeigte der Bürgermeister der litauischen Hauptstadt Vilnius schon 2011. Er überfuhr mit einem Panzer einen falsch geparkten Mercedes und nahm dem Besitzer anschließend das Versprechen ab, sich in Zukunft an die Verkehrsregeln zu halten. Eine Aktion, die nach wie vor auf Youtube zu sehen ist.[3]

Auch der hier bereits thematisierte unklare Mindestüberholabstand für Kfz soll endlich festgelegt sowie ein Überholverbot an Engstellen erlassen werden; ebenso ist geplant, dass rechtsabbiegende Lkw nur noch mit Schrittgeschwindigkeit fahren dürfen. Die Frage ist indes, wer dies kontrollieren wird und durchsetzt – immerhin fährt ein Großteil der Lkw mit falsch eingestellten Spiegeln und von Wimpeln und Fähnchen zugehängten Kabinen herum. Beides verbotener, lebensgefährlicher Alltag.

Radfahrer können sich über eine Neuerung freuen, die es beim Kfz-Verkehr schon lange gibt: den Grünen Pfeil. Und sie dürfen fortan nebeneinander fahren (was Autofahrer trotz gänzlich anderer Breite ebenfalls schon lange machen dürfen).

Aber auch die zukünftige Rechtslage wird den Autoverkehr bevorzugen. Denn nicht geplant ist eine ernstzunehmende Verkehrswende. Für eine echte Verkehrswende müsste Tempo 30 in Städten Regelgeschwindigkeit werden, Rad- und Kfz-Wege müssten getrennt werden. Schließlich beeinflusst die Geschwindigkeit des Kfz-Verkehrs die Sicherheit, Attraktivität und Nutzungsmöglichkeiten von Straßenräumen entscheidend. Wenn innerorts noch maximal mit 30 Stundenkilometern gefahren werden dürfte, würde die Verkehrssicherheit erheblich steigen und zugleich die Lärmbelastung sinken. Zugleich könnten mehr Autos auf weniger Fläche unterwegs sein, da ein niedrigeres Tempo geringere Abstände ermöglicht. Ein zu geringer Abstand gehört wiederum zu den Hauptunfallursachen im Straßenverkehr. Das liegt vor allem am Anhalteweg.

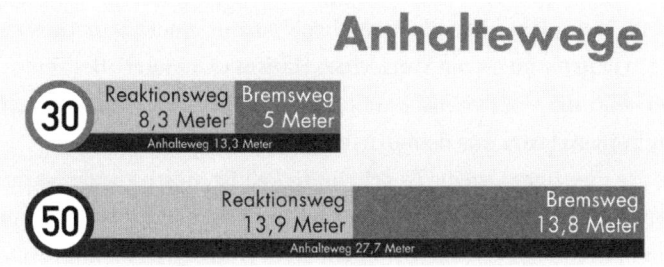

Vergleich des Anhaltewegs bei 30 versus 50 Kilometern pro Stunde[4]

Ein durchschnittlicher Fahrer braucht eine Sekunde, um auf eine Gefahr überhaupt zu reagieren (Reaktionszeit). In dieser Zeit legt er bei 50 Stundenkilometern knapp 14 Meter zurück. Nach § 4 Abs. 1 StVO muss der Abstand zum vorfahrenden Fahrzeug so groß sein, dass angehalten werden kann, auch wenn das vorausfahrende Fahrzeug plötzlich gebremst wird – was bei 50 Stundenkilometern also einem Abstand von 15 Metern entspricht, bei 30 Stundenkilometern hingegen nur knapp neun Metern. Zudem verändert sich je nach gefahrener Geschwindigkeit auch der Bremsweg – von 50 auf null Stundenkilometer zu kommen, braucht fast 14 Meter, 30 auf null ist binnen fünf Metern möglich. Reaktionszeit und Bremsweg bilden zusammen den Anhalteweg. Ein mit 30 Stundenkilometern fahrender Autofahrer braucht also durchschnittlich 13,3 Meter, um sein Fahrzeug zum Stehen zu bringen. Bei 50 Stundenkilometern verdoppelt sich diese Strecke auf 27,7 Meter.[5]

Ein Kind, das 13 Meter vor einem Auto plötzlich über die Straße läuft, wird bei einem mit 30 Stundenkilometern reisenden Autofahrer für einen Schrecken sorgen. Wäre der Autofahrer stattdessen mit 50 Stundenkilometern unterwegs, hätte er im Augenblick des Zusammenstoßes noch nicht einmal mit dem Bremsen begonnen. Das Kind wäre voraussichtlich tödlich verletzt. Die Überlebenschance eines Fußgängers, der von einem Kfz mit 30 Stundenkilometern gerammt wird, liegt bei 90 Prozent. Ein solcher Unfall ist vergleichbar mit einem Sturz aus einem Fenster im ersten Stock eines Hauses (3,5 Meter). Bei Tempo 50 sinkt die Überlebenschance, denn der Unfall ist vergleichbar mit einem Sturz aus dem dritten Stockwerk (10 Meter).[6]

Je niedriger also die Geschwindigkeit ist, desto kürzer ist der Anhalteweg und desto sicherer ist der Verkehr für Autofahrer und Fußgänger – deshalb können mehr Autos pro Fläche fahren, ohne zu einem Risiko für sich und andere zu werden. Mehr Autos pro Fläche wiederum spart Straßenraum, der dann anders genutzt werden kann: Gehwege können attraktiver gestaltet werden, Fahrradabstellanlagen angelegt oder Flächen für den Lieferverkehr geschaffen werden. Darüber hinaus sind niedrige Geschwindigkeiten eine Voraussetzung für Kommunikation, Austausch und Leben im öffentlichen Raum. Auch das soziale Miteinander in einem Ort oder Stadtteil hängt von der Fahrgeschwindigkeit auf den Straßen ab – wer mag schon gern an einer

Hauptverkehrsstraße einen gemütlichen Kurzplausch einlegen oder seine Kinder frei mit dem Roller losdüsen lassen?[7]

Wer eine Verkehrswende wünscht, kommt deshalb um eine erhebliche Veränderung des derzeit geltenden Rechts der Straße nicht herum. Neben einer Absenkung der erlaubten Maximalgeschwindigkeit müsste auch den Kommunen mehr Handlungsraum gegeben werden, um frei von verkehrsrechtlichen Fesseln neue Ideen zu testen. Davon ist Deutschland noch weit entfernt und legt § 45 Abs. 9 der StVO meist so streng aus, dass selbst kleinste Veränderungen wie das Aufstellen von Pollern in einzelnen Straßen oder Einbuchtungen zur Geschwindigkeitsreduzierung kaum durchzusetzen sind. Ebenso fehlt die gesetzliche Festschreibung der gern von Politikern im Mund geführten Vision Zero (Vision null Tote), die sich anstelle der Flüssigkeit des Kfz-Verkehrs den gleichberechtigten Schutz aller Verkehrsteilnehmer zum Ziel setzt.

Für das neu zu gestaltende Straßenverkehrsgesetz bleibt zu wünschen, dass es sich endlich an den Wünschen der Bevölkerung nach menschenfreundlichen Städten mit sauberer Luft und Platz zum Spielen und Flanieren orientiert. Alternativen zum Auto müssen in den Fokus: Neben den Füßen für Kurzstrecken und den öffentlichen Verkehrsmitteln für weite Strecken sowie für körperlich eingeschränkte Menschen vor allem das Fahrrad als kostengünstige, platzsparende, leise, gesundheitsfördernde Verkehrsform.

## Das Parkunrecht

Nicht nur dem fließenden beziehungsweise sich stauenden Kfz-Verkehr wird das Leben in unseren Städten rechtlich untergeordnet. Ebenso verhält es sich mit dem Parken. Wer käme etwa auf die Idee, seinen Kleiderschrank auf die Straße zu stellen, sich dort ab und an ein frisches Hemd zu holen und zu glauben, darauf ein kostenfreies Anrecht zu haben? Autofahrer hingegen stellen millionenfach ihren Privatbesitz kostenfrei in unmittelbarer Nähe ihrer Wohnung ab. Gesellschaftlich ist das akzeptiert, gilt als normal und ist legal.

Wie wäre es mit einem Bewusstseinswandel – und einer Neufassung des entsprechenden § 12 StVO, der festlegt, wann das Halten und Parken von Kraftfahrzeugen unzulässig ist. Parken sollte zukünftig als grundsätzlich unzulässig beschrieben werden, es sei denn, es wird anhand von Schildern ausdrücklich erlaubt. Zugleich müsste es jedoch auch an den zugelassenen Stellen dem örtlichen Mietspiegel angepasst werden, schließlich geht es um die private Nutzung öffentlichen Raumes.

Ein Beispiel: In München beträgt der Quadratmeterpreis einer Mietwohnung derzeit durchschnittlich 16,38 Euro. Bei einer Parkplatzgröße von zwölf Quadratmetern und einer durchschnittlichen Wohnhausgröße von sechs Stockwerken ergäbe sich als monatlicher Mietpreis für einen Parkplatz in mittlerer Lage ein Betrag von 1179,36 Euro. Das entspricht einer täglichen Gebühr von 39,31 Euro und einem Stundentarif von 1,64 Euro. Nicht eingerechnet sind hier die anteiligen Kosten des Parkplatzes für Reinigung und Beleuchtung, sodass eine Gebühr von stündlich zwei Euro zumindest kostendeckend wäre. Deutlich platzsparender, im öffentlichen Raum schöner und der Lagerung ungenutzter Dinge angemessener wären stattdessen privat finanzierte Tiefgaragen.

## Die aktuelle Rechtsprechung bei tödlichen Unfällen

Am 19. Oktober 2017 verlor ein gern unter Radfahrern in den sozialen Medien geteilter Spruch seine Harmlosigkeit. »Eine Gedenkminute für all diejenigen Menschen, die auf dem Weg ins Fitnessstudio mit ihrem Auto im Stau stehen.« Denn am 19. Oktober 2017 mochte ein Fahrer in Berlin auf dem Weg ins Fitnessstudio nicht mehr länger im Stau stehen. Er lenkte sein Auto verbotswidrig auf die Busspur, beschleunigte bei einer erlaubten Maximalgeschwindigkeit von 50 auf 74 Stundenkilometer und erfasste an einer Ampel einen vierjährigen Jungen, der an den Unfallfolgen starb. Die Strafe: 200 Euro und ein Monat Führerscheinentzug. Das Gericht bestätigte, dass der Unfall wahrscheinlich nicht passiert wäre, hätte der Autofahrer die Verkehrsregeln befolgt. Der Mutter des getöteten Kindes gab der Richter allerdings mit auf den Lebensweg, sie trage eine Mitschuld, da sie ihren Sohn nicht besser festgehalten habe.[8]

Nicht nur das Verkehrsrecht bevorzugt Autos. Die Rechtsprechung folgt häufig diesem Beispiel. Im Juni 2019 etwa wurde ein Lkw-Fahrer in Darmstadt zur Zahlung von 400 Euro an die Opferhilfe verurteilt. Er hatte eine Radfahrerin beim Rechtsabbiegen überfahren und dadurch getötet. Das Verfahren gegen seinen Kollegen, der in derselben Woche ebenfalls in Darmstadt, ebenfalls beim Abbiegen, einen Radfahrer getötet hatte, wurde eingestellt.[9]

Für Schlagzeilen sorgte auch ein ähnlicher Fall, bei dem ein Gericht in Berlin einen Lkw-Fahrer, der einen Radfahrer überrollt hatte, zu einer Strafe von 900 Euro verurteilte. Nicht einmal ein temporäres Fahrverbot wurde verhängt, schließlich handelte es sich »nur um eine kurze Unaufmerksamkeit« – mit Todesfolge.[10]

Der Verkehr muss flüssig sein, das ist das eherne Gebot auch der Rechtsprechung. Wer einmal die Führerscheinprüfung gemacht hat, soll Räder rollen lassen – und koste es die Mitmenschen auch das Leben. Selbst für das Überfahren einer bereits seit vier Sekunden rot leuchtenden Ampel und das Töten einer dort querenden Frau gibt es nur eine Geldstrafe. Und weiterhin die Berechtigung einen Lkw zu fahren.[11]

Manchmal wird auch die Geldstrafe nur angedroht. Im April 2018 tötete ein Lkw-Fahrer eine Radfahrerin in Bremen. Sein Urteil: 1500 Euro – auf Bewährung.

»Staatsanwaltschaft und Verteidigung plädierten vor Gericht auf Freispruch. Zuvor hatte ein Gutachter keine Schuld des Fahrers erkennen können. Richterin Ellen Best hielt jedoch eine ›Ermahnung‹ und eine quasi symbolische Bestrafung für erforderlich. Laut Gutachten eines Sachverständigen habe er die Radlerin zwar nur sehr kurz sehen können. ›Aber darf man fahren, wenn man nicht sehen kann?‹«[12]

Scheinbar ja. Anderenfalls würde die StVO so gestaltet, dass Menschenleben mehr zählen als der flüssige, motorisierte Verkehr. Strengere Strafen für Verursacher von Unfällen mit Todesfolge wären angebracht; der Entzug des Führerscheins zum Beispiel und in schweren Fällen auch Gefängnisstrafen.

Einzig Raser werden inzwischen vereinzelt wegen Mordes angeklagt. So verurteilte das Landgericht Berlin im März 2019 zum zweiten Mal zwei Männer, die bei einem illegalen Autorennen auf dem Kurfürstendamm Geschwindigkeiten von bis zu 170 Stundenkilometern erreichten, mehrere rote Ampeln überfuhren und schließlich einen unbeteiligten Mann töteten. »Wegen Mordes in Tateinheit mit gefährlicher Körperverletzung und vorsätzlicher Gefährdung des Straßenverkehrs«[13] wurden beide zu lebenslangen Freiheitsstrafen verurteilt. Die Fahrerlaubnisse wurden für fünf Jahre entzogen. Ebenfalls in Berlin wegen Mordes zu lebenslanger Haft verurteilt wurde ein Raser, der auf der Flucht vor der Polizei eine auf dem Gehweg laufende Frau tötete, nachdem er rote Ampeln überfahren und in einer Tempo-30-Zone 80 Stundenkilometer gefahren war.[14] Ein zum Tatzeitpunkt 20-jähriger Raser wurde in Stuttgart hingegen zunächst wegen Mordes angeklagt, dann aber nur zu fünf Jahren Jugendstrafe

wegen verbotener Kraftfahrzeugrennen mit Todesfolge und vorsätzlicher Straßenverkehrsgefährdung verurteilt. »Erstmals bei
einem tödlichen Unfall in Deutschland wendeten die Stuttgarter
Richter dabei eine 2017 unter dem Paragrafen 315d in das Straf-
gesetzbuch aufgenommene Vorschrift an. Sie soll illegale Autorennen und rücksichtsloses Rasen sanktionieren.« Ein Hamburger Gericht verurteilte hingegen »im November 2018 einen Raser
wegen Mordes, was der Bundesgerichtshof inzwischen bestätigt
hat. Auch in Darmstadt gab es ein Mordurteil, nachdem ein Raser ohne Führerschein und mit abgelaufenem Kennzeichen vor
zwei Polizeiautos davongerast und auf einem Autobahnpark-
platz in das Auto einer Familie geprallt war.«[15]

## Der Radfahrer ist (mit)schuld

Und wie sieht es aus, wenn das Rad fahrende Opfer den Unfall
überlebt? Dann versucht die Rechtsprechung, diesem eine Mitschuld zu konstruieren: Zum Beispiel im Falle einer Radfahrerin, die sich schwere Verletzungen zuzog, als eine Autofahrerin,
ohne auf den Verkehr zu achten, die Tür ihres parkenden Wa-
gens öffnete. Auf 20 Prozent Mitschuld urteilte das Schleswig-
Holsteinische Landesgericht in erster Instanz die Radfahrerin,
schließlich habe sie keinen Helm getragen. Ein konsequentes
und logisches Urteil – Radfahrer haben durch Tragen eines Helmes dafür zu sorgen, dass Autofahrer nicht in die Verlegenheit
geraten, für von ihnen verursachte Kosten in vollem Ausmaß
geradestehen zu müssen.[16]

Komplett verwirrend ist die Rechtsprechung rund um das
Abstandsgebot zu parkenden Autos. So muss sich mal ein Radfahrer »gemäß § 254 BGB ein Mitverschulden anrechnen lassen,
das mit 35 % zu bewerten sei. Der Kläger habe ausweislich seiner
eigenen Angabe, keinen Sicherheitsabstand von 1m, sondern nur

einen solchen von 80 bis 90 cm eingehalten, was nicht ausreichend sei.«[17] Andernorts genügt es »bei dichtem Verkehr, wenn ein Radfahrer nur 40 cm Seitenabstand zu parkenden Autos einhält. Kommt es zu einer Kollision mit einer vom Autofahrer geöffneten Autotür, trifft den Autofahrer die alleinige Schuld.«[18]

Übersetzt heißen diese Urteile: Ein Radfahrer darf den für seine Gesundheit notwendigen Sicherheitsabstand zu parkenden Autos halten, wenn kein Kraftfahrzeug hinter ihm fährt. Sind hinter dem Radfahrer jedoch Kfz und könnten einen Augenblick lang in ihrer freien Fahrt gehindert sein, »darf« der Radfahrer den Sicherheitsabstand unterschreiten. Immerhin kannten diese Richter die alltägliche Realität: Macht der Radfahrer das nämlich nicht, wird er zum einen angehupt und beschimpft, zum anderen von den sich extrem dicht vorbeidrängenden Kfz-Fahrern abgedrängt und gefährdet.

## Alles was Recht ist

Viele Autofahrer werfen Radfahrern vor, gegen Regeln zu verstoßen – kennen diese selbst aber gar nicht. In einer universitären »Befragung zur Radverkehrssicherheit in Freiburg für die Stadt Freiburg und die Polizeidirektion Freiburg – Verkehrspolizei« antworteten zum Beispiel nur 35 Prozent der Befragten auf die Aussage »Radfahrer dürfen an einer roten Ampel grundsätzlich rechts an der Schlange vorbei nach vorn fahren« richtig mit »stimmt«. Nur 79,9 Prozent wussten, dass »Radfahrer, die auf einem durchgehenden Radweg über eine Kreuzung fahren, Vorfahrt haben vor abbiegenden Autos«.[19] Insgesamt konnten nur 15,3 Prozent der in der Studie befragten Autofahrer alle fünf Fragen zu Verkehrsregeln richtig beantworten. Und auch wenn es medial anders erscheint: Am häufigsten ärgerten sich sowohl Rad- als auch Autofahrer im Verkehr über Autofahrer.

Und wie halten es die Radfahrer mit den Regeln? Den eigenen Angaben nach relativ streng. Nur zehn bis 13 Prozent geben an, Regeln »gelegentlich« bis »oft« zu übertreten. 21,6 Prozent der befragten Autofahrer gaben hingegen an, »gelegentlich« bis »oft« nicht zu kontrollieren, ob von hinten ein Radfahrer kommt, bevor sie die Autotür öffnen. Nach dem Regelverstoß Nummer eins, der Geschwindigkeitsüberschreitung, fragte die Studie leider nicht.

Und was würde zu noch mehr regelkonformem Verhalten bei Radfahrern führen?

»Entgegen der Annahme, wonach Strafen einen präventiven Effekt im Sinne der Regelbefolgung haben, konnte ermittelt werden, dass die Radfahrer, die bisher noch keine Strafe zahlen mussten, die Regel ›bei Rot die Straße überqueren‹ in höherem Maße strikt befolgen als die Radler mit Sanktionserfahrung. In der vorliegenden Studie verletzten Radfahrer diese Regel umso seltener, je mehr sie der Meinung sind, dass allgemein die Einhaltung von Regeln einen Gewinn an Sicherheit mit sich bringt. Demnach liegt der Ansatzpunkt weniger in der Verhängung von Strafen, sondern eher in der Vermittlung der Sinnhaftigkeit bzw. dem Zweck von Verkehrsregeln im Sinne der Verkehrssicherheit.«[20]

Straßenverkehrsrecht und -ordnung sind auf den Kfz-Verkehr ausgelegt. Trotzdem gelten die Regeln auch für Radfahrer. Oftmals appellieren Autofahrer, Radfahrer sollten dies endlich akzeptieren und sich auch daran halten. Die Frage ist nur: Kennen Sie die Regeln? Hier ein kurzer Selbsttest:[21]

1. Rechts der Fahrbahn befinden sich ein Gehweg und ein Hochbordradweg. Der Radweg ist nicht als solcher ausgeschildert, aber gut als solcher erkennbar. Wo muss oder darf der vor Ihnen fahrende Radfahrer sich befinden?

a) Auf dem Radweg natürlich! Wozu werden diese Dinge sonst angelegt? Radfahrer auf der Fahrbahn behindern nur den Verkehr!

b) Der Radfahrer kann sich für Radweg oder Fahrbahn entscheiden. Nur wenn das blaue Schild mit weißem Fahrrad dies auszeichnet, besteht Radwegebenutzungspflicht.

2. Ein Radfahrer fährt auf dem Radweg rechts neben Ihnen. Sie nähern sich einer Kreuzung. Die Ampel hat nur ein Signal für Fußgänger und eines für den motorisierten Verkehr. An welches muss sich der Radfahrer halten?

a) An das Signal für Fußgänger. Der Radfahrer ist schließlich nicht auf der Fahrbahn unterwegs und hat auch keinen Motor.

b) Für den Radfahrer gilt das gleiche Signal wie für Pkw-Fahrer.

3. Vor Ihnen fährt ein Radfahrer. Rechts parken Autos längs der Fahrbahn. Der Radfahrer hält 1,5 Meter Abstand zu den Parkenden – und fährt damit quasi mitten auf der Fahrbahn. Darf er das?

a) Natürlich nicht. Auch für Radfahrer gilt das Rechtsfahrgebot. Alles andere hält nur überflüssig den Verkehr auf.

b) Der Radfahrer muss 1,5 Meter Sicherheitsabstand zu den parkenden Autos halten. Anderenfalls trägt er laut Gerichtsentscheid eine Mitschuld im Falle eines Unfalls durch Kollision mit einer geöffneten Tür.

4. Vor Ihnen fährt ein Radfahrer. Er hält 50 Zentimeter Abstand zum Straßenrand. Ihr Pkw ist 2,5 Meter breit, auf der Gegenfahrbahn ist viel Betrieb. Dürfen Sie überholen?

a) Ja klar. Der Radfahrer ist viel langsamer als ich.

b) Nein. Eine Fahrbahn ist in der Regel 4 Meter breit. Sie müssen einen Sicherheitsabstand von 1,5 Meter zum Radfahrer halten. Überholen Sie trotzdem gefährden Sie das Leben des Radfahrers, und es droht Ihnen ein Bußgeld in Höhe von 30 Euro.[22]

5. Sie befahren mit dem Pkw eine Hauptstraße. Rechts sind Radfahrer auf einem Radweg unterwegs. Sie wollen rechts abbiegen. Was müssen Sie beachten?

a) Ich blinke rechts und biege ab. Die nachgeordneten Verkehrsteilnehmer sehen das und lassen mich passieren.

b) Die Radfahrer werden vermutlich geradeaus weiterfahren und haben Vorfahrt! Ich muss warten, bis alle Radfahrer passiert haben.

6. Sie beobachten, wie ein Radfahrer über einen Zebrastreifen fährt. Ist das verboten?

a) Und ob! Schade, dass kein Polizist dabei war, sonst gäbe es jetzt ein saftiges Bußgeld.

b) Radfahrer dürfen über einen Zebrastreifen fahren, wenn sie dadurch niemanden behindern. Vorrang haben sie indes nur, wenn sie ihr Rad wie einen Tretroller nutzen.[23]

7. Vor Ihnen fahren 20 Radfahrer jeweils zu zweit nebeneinander auf der Fahrbahn, obschon rechts und links Radwege vorhanden sind. Dürfen die das?

a) Nein. Radfahrer müssen immer hintereinander fahren, um überholt werden zu können

b) Ja. Sie bilden einen Verband. Das bedeutet, dass die hinteren Fahrer sogar eine Ampel bei Rot queren dürfen, wenn die ersten Räder Grün hatten![24]

# Die Technik

## Der Schritt vom Auto zum Panzer heißt SUV

Am 6. September 2019 raste ein SUV-Fahrer mit seinem Porsche durch Berlin. Mit 80 Stundenkilometern fuhr er in der Invalidenstraße auf die Gegenfahrbahn, kam in Höhe der Ackerstraße auf den Gehweg und überfuhr vier Menschen, darunter einen dreijährigen Jungen. Alle vier starben. Die drei Insassen des SUV kamen mit ein paar Schrammen davon. Eine mediale Diskussion über ein Verbot von SUV innerhalb geschlossener Ortschaften entbrannte. Die Hauptargumente waren, dass vor allem die großen SUV-Modelle einen hohen Ausstoß von Schadstoffemissionen haben und außerdem ein hohes Gefahrenpotenzial für andere Verkehrsteilnehmer darstellen. Denn nur die Insassen des Fahrzeuges selbst werden geschützt – alle anderen Verkehrsteilnehmer indes werden erheblichen Gefahren ausgesetzt.

Was ist ein SUV überhaupt? Die Buchstaben stehen für die englische Bezeichnung Sports Utility Vehicle und meinen eine Art Kreuzung aus einem normalen Pkw und einem Geländewagen. Im Gelände ist jedoch kaum eines der Modelle je unterwegs, zumal in Deutschland Prärie und Urwald auch dünn gesät sind. SUV sind oft doppelt so schwer wie herkömmliche Pkw und stoßen ein Vielfaches an $CO_2$ aus. Genutzt werden sie vor allem innerorts, nicht nur zum Angeben, sondern auch von älteren Menschen, die sich der Mühe eines tiefen Einstiegs entledigen wollen, oder von Müttern, die ihre Kinder sicher transportieren möchten. Andere Menschen werden dadurch jedoch in Lebensgefahr gebracht: Die Verletzungsgefahr für Fußgänger und Radfahrer bei einem Unfall mit einem SUV ist deutlich höher als bei einem Unfall mit einem kleineren Fahrzeugtyp. Sogar der ADAC schreibt:

>>SUVs (sind) allein aufgrund ihrer Größe und Geometrie problematisch beim Fußgängerschutz. Passanten prallen bei Unfällen immer noch gegen harte Strukturen wie die Haubenvorderkante oder das Motorhaubenschloss. Besonders kleinere Personen können dabei schwer verletzt werden. Und auch der Aufprall auf der Straße wird von der Fahrzeugform beeinflusst. Weil sie beim Zusammenstoß heftiger weggestoßen werden, stürzen Fußgänger, die von einem SUV angefahren werden, häufig deutlich ungünstiger auf den Boden, als wenn sie von einem anderen Fahrzeug getroffen werden.<<[1]

Auch für andere Autofahrer stellen die Kleinpanzer unter den Kfz aufgrund der verschiedenen Gewichtsklassen und der unterschiedlichen Höhe eine Bedrohung dar. Was passiert, wenn zwei so ungleiche Kontrahenten aufeinander treffen, zeigt ein Crashtest des ADAC. Dieser ließ den mehr als zwei Tonnen schweren Audi Q7 auf den winzigen Fiat 500 treffen. Letzterer hatte zwar fünf Sterne im Euro-NCAP-Crashtest, bringt aber weniger als halb so viel Gewicht auf die Waage wie der SUV. Bei dem Test trafen beide Fahrzeuge versetzt mit 56 Kilometern pro Stunde aufeinander. Für den kleinen Fiat entsprach das allerdings Tempo 80, weil er viel weniger Masse mit sich bringt. In den Bildunterschriften der Auto-Bild liest sich das Ergebnis des Tests dann so >>1. Peng! Beim Aufprall fliegen die Fetzen, vor allem beim Fiat. Der viel höhere Q7 bohrt sich tief in den Kleinwagen. Dessen Fahrerairbag bleibt wirkungslos, zerplatzt durch die enorme Belastung wie ein Luftballon. Der riesige Q7 bleibt dagegen überwiegend intakt. 2. Bild des Grauens: Die Fahrgastzelle des Fiat 500 ist stark verformt. Bei einem realen Unfall dieser Art hätten die Fiat-Insassen lebensbedrohliche Verletzungen davongetragen.<<[2]

Individuell sei die Entscheidung trotz allem nachvollziehbar, wie der Politologe Markus Wissen im Interview erklärt: »Das Beispiel der Bio-Lebensmittel, die im Jutebeutel zum SUV getragen werden, ist daher vielleicht gar nicht so widersprüchlich. Es ist eine Form der privaten Nachhaltigkeit: Diese Menschen versorgen sich und ihre Familie mit gesunden Lebensmitteln und schützen sich vor den Gefahren der Automobilität, ohne selbst darauf verzichten zu müssen. Sie sitzen eben in ihrem kleinen Panzer.«[3]

Verbraucher verhalten sich individuell also folgerichtig bei ihrer Entscheidung für einen SUV. Und Unternehmen wie Audi, BMW und Mercedes machen mehr Gewinn mit riesigen Pkw als mit umweltverträglicheren Kleinwagen. Und leider werden sie immer beliebter und stellen mit 18,3 Prozent das zweitgrößte Segment der Neuzulassungen von Autos in Deutschland.[4] Deshalb liefern sich die Hersteller auch einen Wettbewerb, wer den Größten und Längsten hat. Die neueren SUV-Modelle passen nicht mehr auf herkömmliche Parkplätze und belegen folglich oft gleich zwei davon. Mercedes hat derzeit mit dem 5,21 Meter langen GLS-Monster-SUV den Kühler ganz vorn. Da der Wagen auch für Waschstraßen zu breit ist, knickt er seine Räder dort nach innen ein. Das sind ›Innovationen‹, auf die deutsche Autobauer stolz sind.

Die riesigen SUV-Modelle konkurrieren mit anderen Verkehrsteilnehmern um den Verkehrsraum – und wirken gerade auf Radfahrer, die gemeinsam die Fahrbahn nutzen müssen, zu Recht bedrohlich. Eine Verkehrspolitik, die das Fahrrad als alltägliches Verkehrsmittel fördern will, muss sich der Ausbreitung von SUV also entgegenstellen.

# Das böse Märchen vom toten Winkel

Wer kennt nicht das Bild von halben Schulklassen, die sich angeblich im sogenannten toten Winkel verstecken können. »Aufpassen!« lautet die so von Lkw-Innungen ausgegebene Botschaft. Indes: Seit spätestens 2009 müssen EU-weit Lkw ab 3,5 Tonnen mit zusätzlichen Spiegeln nachgerüstet sein.[5] Mit dem Frontspiegel sieht der Fahrer seither den Bereich vor seinem Führerhaus, mit dem Rampenspiegel kann er einen zwei Meter großen Bereich direkt neben der Beifahrertür kontrollieren, und mit dem Weitwinkelspiegel wird schließlich der gesamte Bereich des einstmals ›toten Winkels‹ neben dem Fahrzeug abgedeckt. Theoretisch lässt sich also vom Fahrersitz eines Lkw der gesamte Bereich neben dem Fahrzeug einsehen. Die Praxis sieht anders aus: Häufig sind die Spiegel falsch eingestellt, was sich auch vom Laien leicht überprüfen lässt. Man stellt sich als Fußgänger oder Radfahrer neben ein Fahrzeug und schaut in die Spiegel. Oft sieht man dann alles Mögliche vom Fußballwimpel bis zum Teddybären – aber nicht die Augen des Fahrers oder die Kopfstütze des Sitzes, wenn der Lkw abgestellt ist. Das nicht zu sehen, bedeutet auch selbst nicht gesehen zu werden.

Durch technischen Fortschritt müsste es den toten Winkel also nicht mehr geben, durch menschliches Versagen fordert er dennoch Opfer. Auch deshalb, da aufgrund der gängigen Arbeitsbedingungen im Speditionsgewerbe an den Steuern der Lkw nicht immer ausgeschlafene, motivierte und konzentrierte Menschen sitzen. Diese bringen nicht immer die hohe Aufmerksamkeit auf, komplexe Verkehrssituationen zu überblicken, und leiden zudem oftmals unter Zeitdruck und Stress.

Um solcherart entstehende menschliche Fehler auszugleichen, gibt es seit Jahren ein technisches Mittel: Abbiegeassistenten. Sie könnten helfen, die Zahl der bei Unfällen mit Lkw getöteten Radfahrer und Fußgänger erheblich zu verringern.

Die Systeme existieren bereits, werden aber nach wie vor nur in Ausnahmefällen auch genutzt. Deshalb sieht die EU Handlungsbedarf: »Besonderes Augenmerk liegt auf Systemen zur Verringerung toter Winkel bei Lkw und Bussen, den sogenannten Abbiegeassistenten. Die Assistenzsysteme sollen Fußgänger und Radfahrer im toten Winkel der Lkw erkennen und den Fahrer warnen beziehungsweise den Laster abbremsen. Die Technik existiert bereits seit einigen Jahren. Seit 2012 wird über eine Pflicht diskutiert.«[6] Und seit 2012 werden jährlich weiterhin etwa 30 Radfahrer durch abbiegende Lkw getötet, weitere 160 schwer verletzt.

Dennoch scheint es politisch nicht zumutbar, Speditionen zum Einbau dieser Technik zu verpflichten. Sie würde auch Lkw-Fahrer entlasten. Denn nicht nur Radfahrer und Fußgänger dürfte das Wissen um den Einbau so einer Technik erleichtern – vielen der Berufskraftfahrer müsste es auch zu Gute kommen, nicht mehr täglich Gefahr zu laufen, aufgrund einer kurzen Unachtsamkeit ein Menschenleben auf dem Gewissen zu haben.

## 80 zu 1 – Über elektrische Fahrräder und Autos

E-Mobilität in Zahlen:[7]
- 4 400 000: Anzahl aller E-Bikes auf deutschen Straßen Ende 2018 (Q: ZIV)
- 980 000: Anzahl der 2018 in Deutschland verkauften E-Bikes (+36 % gegenüber 2017, Q: ZIV)
- 36 040: Anzahl der 2018 in Deutschland neu zugelassenen E-Autos, ohne Hybride (2016: 11 400, Q: CAM)

Im »Nationalen Entwicklungsplan Elektromobilität« legte die Bundesregierung 2009 das Ziel fest, bis 2020 eine Million

Elektroautos auf Deutschlands Straßen zu sehen. Tatsächlich waren im Januar 2018 ganze 53 861 Exemplare in Deutschland zugelassen, also noch 946 139 weniger als bis zum Stichtag als Ziel ausgegeben.[8]

Das wirft ein helles Licht auf die Bedeutung von Selbstverpflichtungen der Industrie und auf die Sinnhaftigkeit einer Politik, die bei der Förderung der E-Mobilität nur an eine neue Art der Subventionierung der Autobranche denkt. Zwar ist es gut, wenn man als Fahrradfahrer nicht mehr von Abgaswolken umgeben ist, sondern von summenden Elektromotoren. Allerdings können derzeit marktübliche E-Autos viele andere durch Automobilität geschaffene Probleme nicht lösen: Auch sie sind große Maschinen aus Metall und verbrauchen ebenso viel Platz wie Kfz mit Verbrennungsmotor, zudem erhöhen sie aufgrund mangelnder Motorengeräusche bei gleicher Geschwindigkeit das Unfallrisiko für Fußgänger und Radfahrer. Zudem wird die Umweltbilanz von E-Autos erst dann substanziell besser als bei Verbrennungsmotoren, wenn sie mit Ökostrom betankt werden. Auch die Herstellung der Batterien ist material- und energieintensiv. Es ist grundsätzlich zu begrüßen, wenn beim Thema E-Autos über deren Umweltschädlichkeit diskutiert wird – schließlich wurde das all die Jahrzehnte vorher beim Verbrennungsmotor nicht getan.

Aber die Themen Verkehr und E-Mobilität brauchen sich ja nicht nur auf das Auto zu fokussieren. Und so sieht die Entwicklung bei den Pedelecs denn auch ganz anders aus (Pedelec = Pedal electric Cycle = Fahrräder mit elektr. Tretkraftunterstützung). Sie konnten ihr anfängliches Image als »Rehamodul« und »Alte-Leute-Schaukel« nachhaltig ablegen und zeigen allerorts, was mit dem Fahrrad jetzt alles möglich ist: Seit 2009 wurden insgesamt 3,8 Millionen Räder mit Motorunterstützung in Deutschland verkauft,[9] allein 2017 waren es 720 000 Stück, was einem Anteil von 19 Prozent am gesamten Fahrradmarkt entsprach. In der bergigeren Schweiz beträgt der Anteil der E-Bikes an den absoluten Verkaufszahlen inzwischen sogar 33 Prozent.

Fast alle verkauften E-Bikes sind Pedelecs (auch »E-Bike 25« genannt), also wirkliche Fahrräder, bei denen getreten werden muss, um den Motor zuschalten zu können – und die den Rückenwind aus dem Akku bei einer Maximalgeschwindigkeit von 25 Stundenkilometern abschalten. Nur ein Prozent sind »E-Bikes 45«, die nicht als Fahrräder gelten, sondern als Kleinkraftfahrzeug. Man benötigt eine entsprechende Versicherungsplakette und muss wie auf dem Mofa einen Helm tragen.

Beliebt ist das E-Rad inzwischen in allen Bevölkerungsgruppen und kann all die Lücken schließen, die zuvor noch vom Radfahren abhielten: Niemand muss verschwitzt im Büro ankommen, kein Anstieg ist zu steil und kein Einkauf zu schwer. Es gibt daher auch hervorragende E-Lastenräder. Sogar Männer, die sich bislang nicht zutrauten, mit ihrer deutlich besser trainierten Frau auf Radtour zu gehen, haben mit einem Pedelec kein Potenzproblem mehr! Viele Menschen haben also Dank des E-Bikes jetzt die Chance, einfacher und komfortabler als bisher wieder frischen Wind um die Nase zu spüren und die eigene Anstrengung dabei je nach Wunsch dosieren zu können.

Das E-Bike liefert somit für einen großen Teil der bislang mit dem Pkw zurückgelegten Strecken eine platzsparende, kostengünstige, gesunde Alternative! Schließlich beträgt die durchschnittlich in Deutschland per Pkw zurückgelegte Distanz 14 Kilometer. Und 14 Kilometer lassen sich mit einem Pedelec problemlos meistern, zudem ohne anschließend einen Parkplatz suchen zu müssen.

Auch aus ökologischer Sicht ergeben E-Bikes trotz des eingebauten Akkus Sinn, solange sie Menschen vom Auto aufs Rad und nicht nur vom Standardfahrrad aufs Pedelec umsteigen lassen. Laut Umweltbundesamt sind die Emissionen aus Akkuproduktion und -recycling nach bereits 100 Kilometer mit dem E-Bike eingespart, wenn dafür 100 Pkw-Kilometer weniger gefahren werden. Leiser und weniger gefährlich für andere Verkehrsteilnehmer ist es natürlich auch. Sie nehmen außerdem deutlich weniger (versiegelte) Fläche in Anspruch. Für einen Pkw im städtischen Raum müssen laut Verkehrsplanern drei Parkplätze bereitgestellt werden (einer in der Nähe des Zuhauses, einer in der Nähe der Arbeit, einer beim Einkaufen oder Freizeitvergnügen), was einem Flächenverbrauch von 33 Quadratmetern entspricht – bei einem Fahrrad sind es hingegen 1,2 Quadratmeter. Innerstädtisch ist das E-Bike zudem im Durchschnitt das schnellste aller Verkehrsmittel. Und schon manche ältere Dame mit Blumen am Fahrradkörbchen hat einen dicken SUV lässig abgehängt.

Aber ist diese Entwicklung nicht auch gefährlich? Produzieren die flotten Radler nicht viele Unfälle, die sie in ihren sicheren Autos nicht gehabt hätten? Zwar gab es auf der einen Seite 2015 noch 26 Tote bei Unfällen mit Pedelecs, 2016 waren es schon 46.[10] Auf der anderen Seite steigt aber auch der Marktanteil der Räder mit Motorunterstützung – und dies vor allem bei Menschen über 65, der Bevölkerungsgruppe also, die ohnehin überproportional von schweren Verkehrsunfällen betroffen ist. Mehr als jeder Zweite getötete Fußgänger und Radfahrer ist über 65 Jahre alt. Dabei traf 58 Prozent der Radfahrer aus dieser Gruppe keine Schuld an dem Unfall.[11] Gefahr suchende Radler sind die Senioren also nicht.

Dass ältere Menschen trotzdem vergleichsweise häufig schwer verunglücken, hat mehrere Ursachen: Zum einen können sie körperlich einen Sturz nicht mehr so gut verkraften, zum anderen sind ihre Reaktionszeiten langsamer, sie können also Fehler anderer schlechter ausgleichen. Im Falle der Ursache Nummer eins für Unfälle von Fahrrad mit Kfz – Kraftfahrzeugführer biegt ab, ohne einen Schulterblick zu machen, und nimmt dem Radfahrer dabei die Vorfahrt – verhindern jüngere

Radfahrer oft durch starkes Bremsen und Ausweichen einen Unfall. Senioren hingegen gehen eher davon aus, dass Autofahrer sich an die Verkehrsregeln halten, sie reagieren später und langsamer – und gelangen direkt in die Todesfalle. Doch auch für die meisten älteren Menschen ist der Umstieg aufs E-Bike empfehlenswert. Schließlich verunglücken zum Glück nur die allerwenigsten, alle anderen genießen die Bewegung, den im Vergleich zum Zufußgehen größeren Radius und die Verbesserung des Herz-Kreislauf-Systems.

E-Bikes sind also für fast alle ein Grund zur Freude. Nur unsichere Fahrer sollten sich vor dem Kauf bewusst sein, dass ein Pedelec schnelleres Fahren erleichtert, und ein besserer Fahrer wird man, wie auch beim Auto, durch den Motor nicht. Wer also das letzte Mal vor vielen Jahren auf irgendeinem alten Schrottrad gesessen hat, den dürfte allein die Wirkung einer modernen Scheibenbremse aus dem Sattel heben. Anstatt über den Lenker abzusteigen, sollten sich umsteigewillige Automobilisten also langsam herantasten und im besten Falle ein Fahrsicherheitstraining absolvieren.

Nebenbei bemerkt sind E-Bikes auch ein Exportschlager: Allein 2017 wurden fast 300 000 Stück ins Ausland verkauft. Innerhalb Deutschlands erreicht die Fahrradindustrie derzeit einen Gesamtumsatz von mehr als fünf Milliarden Euro.[12] Das liegt auch daran, dass Räder immer teurer werden. Wer sich also gern ein gutes Rad mit oder ohne Motor zulegen möchte, der kann es auch mit der Finanzierung über den Arbeitgeber versuchen: Schließlich sind Fahrräder Autos in dieser Hinsicht inzwischen endlich gesetzlich gleichgestellt – und die Möglichkeit, ein Dienstrad zu finanzieren ist vorhanden![13]

# Teilst du schon, oder fluchst du noch?

Weniger als eine Stunde täglich ist ein privater Pkw durchschnittlich in Betrieb. Die meiste Zeit steht ein Automobil also nur herum, besetzt öffentlichen Raum und kostet sowohl den Besitzer als auch die Allgemeinheit Geld. Warum also nicht teilen beziehungsweise mieten?

In den deutschen Großstädten ist inzwischen bereits jeder siebte Einwohner zumindest bei einem Car-Sharing-Anbieter registriert, deutschlandweit sind es 2,4 Millionen Menschen. Die Idee hinter dem Angebot klingt ja auch gut. Anstatt sich selbst um Versicherung, Reparaturen und Steuern kümmern zu müssen, nutzt man einen Pkw nur, wenn man ihn braucht. Zudem erfordert die intensivere Nutzung der Car-Sharing-Autos eine ständige Erneuerung der Fahrzeugflotte, sodass die Pkw auf dem neuesten und damit hoffentlich umweltfreundlichsten Stand der Technik sind. Einer Studie aus der Schweiz zufolge liegt der Durchschnittsverbrauch einer Car-Sharing-Flotte etwa 16 Prozent unter dem Durchschnittsverbrauch der Neuwagenflotte sowie etwa 26 Prozent unter dem der gesamten Schweizer Pkw-Flotte.[14] Es gibt sogar rein elektrische Car-Sharing-Flotten, wie beispielsweise die des Anbieters WeShare.

Weil Car-Sharing-Nutzer bei jeder einzelnen Fahrt die vollen betrieblichen Kosten der Fahrzeugnutzung bezahlen müssen, entsteht zudem ein erheblicher Anreiz, wesentlich weniger mit dem Auto zu fahren als bei Besitz eines Privat-Pkw, bei dem man die Kosten zwar auch trägt, es aber nicht so direkt merkt.[15] Man nutzt das Auto also nur, wenn man glaubt, es wirklich zu brauchen.

Verbreitet ist das klassische Car-Sharing seit den 90er Jahren. Die Autos stehen an festen Stationen, wohin man sie auch zurückbringen muss. Der Großteil der deutschen Car-Sharing-Wagen wird auf diese Weise vermietet, in mittlerweile 600 Orten, etwa von der Deutsche-Bahn-Tochter Flinkster. Man fährt mit ihnen eher längere Strecken und mietet die Wagen oft einen ganzen Tag.

Die inzwischen fusionierten DriveNow und car2go gibt es hingegen erst seit 2010 und nur in großen Städten. Dort kann man die Fahrzeuge im ganzen Angebotsgebiet verteilt finden und irgendwo wieder abstellen. So ist das Car-Sharing für kurze Strecken extrem populär geworden. Fast dreimal so viele Kunden wie beim klassischen Car-Sharing sind hier angemeldet.[16]

In ganz Deutschland waren 2019 mehr als 20000 Car-Sharing-Fahrzeuge verfügbar – 12 Prozent mehr als im Vorjahr. Das Angebot stationsbasierter Anbieter wuchs dabei mit mehr als 20 Prozent etwas stärker als das Angebot im free-floating Car-Sharing, das um knapp 15 Prozent zunahm.[17]

Das große Problem der Car-Sharing-Fahrzeuge besteht darin, dass sie offenbar nicht, wie ursprünglich angenommen, private Pkw ersetzen, sondern noch hinzukommen. So nutzen etwa Touristen Car-Sharing-Angebote, oder junge Menschen, die sich finanziell noch kein eigenes Auto leisten können. Sobald sie indes über ein regelmäßiges Einkommen verfügen, kaufen sie sich ein eigenes Auto.[18] Ein Grund könnte sein, dass zumindest Angebote wie car2go sich nur im innerstädtischen Bereich befinden – dort also, wo ohnehin bereits ein gut ausgebauter öffentlicher Verkehr verfügbar ist und die Strecken so überschaubar kurz sind, dass sie bequem mit dem Rad bewältigt werden können. Außerhalb der Innenstädte kann man die Wagen jedoch nicht abstellen beziehungsweise parken – hier läuft die Mietuhr konstant weiter. Für eine Verkehrswende bieten sich innerstädtische Kurzzeit-Mietautos nach derzeitigem Modell also nicht an, denn schließlich ergibt Sharing-Mobilität nur dann einen Sinn, wenn sie zu insgesamt weniger Kfz führt.

Bemerkenswerterweise gibt es aber gerade auf dem Land Ideen, sich vom allein genutzten, privaten Pkw zu trennen. Jesberg etwa hat 2400 Einwohner und liegt in der Nähe von Marburg. Der Ort hat seit Jahren ein Car-Sharing-Angebot, das von dem Verein »Vorfahrt für Jesberg e. V.«[19] betrieben wird. Das Prinzip funktioniert genauso wie bei anderen Car-Sharing-Anbietern mit stationärem Modell. Die Fahrzeuge des Fuhrparks werden von Privatpersonen oder Unternehmen wie einer lokalen Bank zur Verfügung gestellt. Die Verleiher tragen alle laufenden Kosten und bekommen im Gegenzug 90 Prozent der Einnahmen aus der Vermietung. Zehn Prozent behält der Verein für Verwaltung und Vermarktung. Das Ausleihen der Kfz funktioniert über einen Chipleser in der Windschutzscheibe, eine persönliche Übergabe ist nicht notwendig. Wer das Car-Sharing-Angebot nutzen möchte, registriert sich im Internet, bekommt vom Verein einen Führerscheinchip, bucht sich dann sein Fahrzeug und öffnet es, indem er den Chip an das Lesegerät am Auto hält. Das Angebot kam so gut an, dass der Verein inzwischen zusätzlich E-Lastenräder und Elektrofahrräder angeschafft hat. Einige Jesberger haben inzwischen ihr privates Auto abgeschafft.

Das Flächenbundesland Niedersachsen beschloss im Juni 2019, dass nach dem Vorbild von Jesberg künftig neben Unternehmen auch Vereine Car-Sharing anbieten dürfen. Der Landtag legte auch Änderungen in der Bauordnung fest, mit dem Ziel, Parkplätze für Car-Sharing-Fahrzeuge in Wohngebieten zu errichten.[20]

Insgesamt gibt es in Deutschland bislang also etwas mehr als 20 000 Car-Sharing-Fahrzeuge. Auch hier liegt die Radbranche vorn, die bundesweit etwa 40 000 Leihräder zählt – mit steigender Tendenz. Das Angebot der meisten Anbieter wird von den Kommunen finanziell unterstützt, da sie sich von den Leihrädern eine Entlastung vom Autoverkehr erhoffen. Statt mit dem Pkw zu fahren, sollen Menschen Verknüpfungen aus ÖPNV und Fahrrad wählen.

Ob das klappt, bleibt abzuwarten. So heißt es zum Beispiel auf der Betreiberseite des Anbieters Nextbike stolz: »das Beste: VRNnextbike-Stationen sind immer in der Nähe von Haltestellen des öffentlichen Nahverkehrs platziert, sodass die Angebote optimal miteinander kombiniert werden können«[21]. Dabei ist das Beste an einem Fahrrad, nicht stationsgebunden zu sein, sondern jeweils genau dort losfahren zu können, wo man gerade ist, und genau vor dem Ziel zu parken. Wirklich praktisch ist so ein stationsgebundenes Angebot also vor allem für Touristen, die ohne Rad in der jeweiligen Stadt ankommen, oder für Menschen, die direkt neben den Stationen wohnen und arbeiten beziehungsweise studieren. Um es für ein breiteres Publikum interessant zu machen, müsste es entweder deutlich mehr Verleihstationen geben oder das freie Abstellen der Räder ermöglicht werden. Letzteres ist derzeit in den meisten Städten verboten. Und rentiert sich für die Betreiber auch oft nicht, da frei abgestellte Räder (wie E-Roller auch) ein beliebtes Ziel für Vandalismus darstellen.

Die prinzipielle Idee hinter einem Leihrad ist wie beim Car-Sharing super: Ist das Rad kaputt, muss man den Schaden nur melden, anstatt selbst zu fluchen und zu schrauben – oder auf einen teuren Werkstatttermin zu warten. Außerdem kann es einem auch nicht geklaut werden, was Tränen und Ausgaben vermeidet. Und es ist überhaupt preiswert: In vielen Orten zahlen Abokunden des öffentlichen Nahverkehrs und Studierende in den ersten 30 Minuten Nutzung nichts. Alle anderen steigen beim Basistarif für einen Euro / 30 Minuten auf und sind damit im Zweifel deutlich günstiger als mit öffentlichen Verkehrsmitteln und deutlich schneller als mit dem Auto unterwegs.

Damit Leihräder Teil einer Verkehrswende sein können, ist ein erheblicher Ausbau der Verleihstationen notwendig – wobei diese dann auch gern auf Kosten von Autoparkplätzen positioniert werden dürften. Die übliche Praxis, Radstationen auf Gehwegen unterzubringen, führt nur zu weiteren Flächenkonflikten zwischen den ohnehin schon benachteiligten Verkehrsformen Fuß und Fahrrad. Und schließlich – wenn die Räder mit Steuergeldern gefördert werden, um den Kfz-Verkehr einzudämmen – wäre es folgerichtig, ihre Parkstationen auch auf bisher von Autos beanspruchten Flächen anzubringen.

# Die Verwaltung

Für eine Verkehrswende braucht es nicht nur eine genaue Be-
standsaufnahme von dem, was ist, und einen politischen Willen,
etwas zu ändern – entscheidend ist auch eine Verwaltung, die
das dann in die Tat umsetzt.

»Wer sich ganz konkret mit der Planung von Radverkehrsinfrastruktur beschäftigt«, ist auf der Seite des Ministeriums für
Verkehr in Baden-Württemberg zu lesen, »sollte die wichtigsten
Gesetze, Richtlinien oder Empfehlungen zu diesem Thema immer griffbereit haben.«[1] Und die lesen sich dann zum Beispiel so:

>»Zu Jahresbeginn 2014 wurde die neue Verwaltungsvorschrift zum
>LGVFG für den kommunalen Straßenbau (VwV-LGVFG KstB) ein-
>geführt. Neu für den Radverkehr: Sie bestimmt unter anderem,
>dass Radwege an LGVFG-geförderten Straßen die Qualitätsvorga-
>ben des Verkehrsministeriums aus der RL-Radinfrastruktur (RL-
>RI) erfüllen müssen, welche Anfang 2016 durch die Verwaltungs-
>vorschrift zum LGVFG ersetzt wurde.«[2]

Nun, Verwaltung ist kein Wort, dass sofort Assoziationen in
Richtung Spannung und Kreativität freisetzt. Für die meisten ist
sie stattdessen einfach da, riecht nach Grünlilie und Laminat,
ist die undurchschaubare Blaupause der anonymisierten Macht
und drängt sich nur selten und unwillkommen ins Alltagsleben.
Verwaltung steht für warten auf dem Bürgeramt, Vorschriften
einhalten und die Steuererklärung rechtzeitig abgeben. Allein:
Wer den Verkehr und damit das Alltagsleben ändern möchte,

braucht Köpfe in den Amtsstuben, die sich auskennen im föderalen, kommunalen und direktiven Strukturdschungel der Republik. Der braucht Menschen, die das obige Zitat auf Anhieb verstehen und die zugleich von einer Zukunft mit mehr Rad und Bus überzeugt sind; die sich einsetzen, absprechen, vernetzen und kreativ sind. Ohne die Verwaltung bleibt jede Vision eine Vision – und wird nicht zur neuen Straßenrealität.

Ein beliebtes Beispiel hierfür ist das Geld: Egal, wie viel Finanzen bereitgestellt werden – die tatsächlichen Ausgaben hängen von der Realisierung der Projekte beziehungsweise der Beantragung durch die unteren Verwaltungseinheiten ab. Die im Bundeshaushalt bereitgestellten Mittel zum Radwegebau an Bundesstraßen wurden zum Beispiel immer gut genutzt und fast vollständig aufgebraucht, beim touristischen Radwegebau an Wasserstraßen hingegen wurden zum Beispiel 2005 nur 1,72 Prozent und 2006 nur 2,31 Prozent der bereitgestellten Mittel von je zehn Millionen Euro verbraucht. Auch bei den nicht investiven Maßnahmen gab es Unterschiede – die privaten Gesellschaften griffen umfassend auf die verfügbaren Gelder zu und realisierten viele Projekte; die Länder nutzten zumindest anfangs kaum die ihnen zur Verfügung gestellten Gelder.[3]

Doch es gibt positive Ansätze, die es umzusetzen gilt: 2002 beschloss der Deutsche Bundestag erstmals einen Nationalen Radverkehrsplan, der Leitlinien für die Radverkehrsförderung der kommenden Jahre festlegte. 2012 wurde ein zweiter Plan (NRVP 2020) herausgegeben, entwickelt in Zusammenarbeit von Akteuren aus Bund, Ländern, Kommunen und Verbänden sowie der Wissenschaft. Um das Wissen rund um den Radverkehr weiterzugeben und neue Impulse auch in die Verwaltung zu geben, wurde die Fahrradakademie eingerichtet.

# Die Fahrradakademie

Denn auch fahrradaffine Mitarbeiter der Verwaltung, standen lange vor dem Problem, dass Fortbildung, Information, Vernetzung und Erfahrungsaustausch fehlten. 2007 richtete das Deutsche Institut für Urbanistik (Difu) die Fahrradakademie ein. Deren Fortbildungsangebot umfasst Seminare, Workshops und Exkursionen in ganz Deutschland. Zudem unterstützt die jährliche Fahrradkommunalkonferenz die Zusammenarbeit der Kommunen. Die Referenten der Fahrradakademie kommen entweder selbst aus der Verwaltung oder sind in Planungsbüros oder der Forschung tätig. Sie vermitteln neben Rechtsgrundlagen und neuesten wissenschaftlichen Erkenntnissen innovative Handlungsansätze und neue Lösungen für die Radverkehrsförderung. Besucht wird die Akademie vor allem von Menschen aus Verwaltung und Verbänden, deren Themengebiete zum Beispiel Straßenplanung, Straßenverkehrsrecht, Verkehrslenkung oder öffentlicher Nahverkehr sind. Daneben gibt es an der Akademie noch Sonderveranstaltungen zu aktuellen Themen der Verkehrs- und Mobilitätspolitik für Menschen, die auf der Leitungs- und Entscheidungsebene von Bund, Ländern und Kommunen tätig sind.

Einblicke in den Aufbau von Verwaltungsstrukturen – wie diese arbeitet und was sie braucht, um gut zu funktionieren – kann Christel Wemheuer geben, die Erste Kreisrätin im Landkreis Göttingen:

»Das Thema Radverkehr ist auch auf Landesebene und in den Kommunen inzwischen ein großes Thema – sowohl in der Politik als auch in der Verwaltung. Viele wollen vorangehen, vernetzen sich zum Beispiel über die Arbeitsgemeinschaft Fahrradfreundlicher Kommunen, entwickeln Strategien und vertreten ihre Interessen auch gegenüber Land und Bund. Über die Kommunalrichtlinie zum Klimaschutz können Kommunen inzwischen Radwegeförderungen vom Bund beantragen, was relativ neu ist.

Auch auf dem Land wird immer mehr Rad gefahren, durch die E-Bikes werden im Alltagsverkehr immer weitere Strecken zurückgelegt. Die Radwege sind zum Teil aber eher noch auf den Freizeitverkehr ausgelegt, und das Streckennetz ist noch nicht genügend ausgebaut.

In unserem Landkreis haben wir anhand des Masterplans Radverkehr eine Richtung vorgegeben. Anlass war, dass zwei Landkreise freiwillig fusionierten und wir dafür sorgen mussten, dass auch die Radverkehrsverbindungen und -strukturen harmonisiert werden und wir uns über die alten Kreisgrenzen gut verbinden. Zugleich wollten wir zukunftsweisend die E-Mobilität mitdenken auch im Hinblick auf Intermodalität und Umstiege.

Konkret sieht es im Arbeitsalltag so aus, dass die Verwaltung Vorschläge machen kann, die Politik dem aber natürlich nicht immer folgt und eigene Vorstellungen hat. Ebenso funktioniert es nicht gut, wenn die Verwaltung gezwungen werden soll, etwas umzusetzen, wovon sie nicht überzeugt ist. In unserem Falle war von Vorteil, dass Kreispolitik und -verwaltung Radverkehr als Topthema sahen und sehen. Sehr wichtig ist natürlich auch, alle Akteure, Kommunen, Verbände, Institutionen im Prozess der Erstellung eines Masterplanes mitzunehmen, eigentlich selbstverständlich.

Mobilität und Radverkehr sind Themen, die im Augenblick absolut im Vordergrund stehen in der kommunalen Politik. Erst wenn man entscheiden muss, ob es eher Geld für Straßen oder für Radverkehr gibt, ergeben sich Zielkonflikte. Bei uns war die Haushaltslage in den vergangenen Jahren relativ gut, sodass es für die Radwegeausbaupläne keine Probleme gab.

Im Gegensatz zu Städten haben wir nicht so sehr das Problem, dass es an Platz fehlt, wenn wir einen Radweg bauen. Unser Problem ist eher, die Grundstücke dafür zu erwerben. Zwar kann man auch für den Bau von Radwegen enteignen, die Hürden sind aber höher als beim Straßenbau. Wir müssen bei Enteignungen stets darlegen, dass es absolut notwendig ist, es gar keine andere Möglichkeit gibt. Ich habe erst einmal eine Enteignung durchführen müssen, es betraf ein kleines Grundstück für eine Kreisstraße. Man versucht ja als Kommune, möglichst schnell voranzukommen und den Weg der Enteignung nicht zu gehen. Als Dezernentin versuche ich dann auch schon mal, Grundstückeigentümer im Einzelgespräch zu überzeugen – wir sind hier ja näher an den einzelnen Menschen dran als die Bundes- und Landesverwaltungen, dort wird dann im Zweifel das Projekt zurückgestellt, um nicht die ganze Energie in etwas Schwergängiges zu stecken. Meine kommunale Methode der direkten Ansprache gelingt nicht immer, aber oft. Es ist insgesamt leider so, dass Grundstückbesitzer ihrer Allgemeinwohlverpflichtung immer skeptischer gegenüberstehen. Das ist bitter. Eigentum verpflichtet schließlich auch.

Aus Sicht der Verwaltung ist im ländlichen Raum bei der Wegeplanung auch wichtig, dass im Oberzentrum die Radwege gut ausgebaut und sicher sind. Das ist nicht immer der Fall: Oft ist es entspannter, neben der Kreisstraße zu fahren als anschließend in der Stadt. Nur im Winter wird es manchmal schwierig. Denn die Priorität auch bei uns im Kreis liegt beim Räumen der Straßen, erst dann kommen die Radwege. Wir haben uns vor einigen Jahren Geräte angeschafft, um unsere Kreisradwege zu räumen. Das Bewusstsein ändert sich langsam – und es braucht wie immer auch Leute, die das einfordern!

Viele unserer Wege sind land- und forstwirtschaftliche Wege, bei denen die Eigentümer sich bereiterklärt haben, sie als ausgewiesene Radwege zu deklarieren, sie gehören zum Radstreckennetz, aber geräumt werden diese Wege im Winter nicht, was man auch nicht erwarten kann und nicht festgelegt ist. Allerdings haben wir selbst hier im Vorharz auch nur noch an wenigen Tagen im Jahr überhaupt Schnee. Die Allwetterradfahrer weichen an diesen Tagen auf die Straße aus. Das ist langfristig keine Lösung, unser Ziel ist, dass man auf geräumten Wegen in die Mittel- und Oberzentren kommt.

Besser als sein Ruf ist der ÖPNV bei uns im ländlichen Raum. Menschen, die darüber reden, wie schlecht der ist, fahren oft selbst nicht. Natürlich besteht hier auch Verbesserungsbedarf, vor allem an den Wochenenden.

In Zukunft erhoffe ich mir, dass wir eine Innovations- und Experimentierklausel in der StVO bekommen, so dass wir Dinge ausprobieren können und nicht gleich von unserer Fachaufsicht gesagt wird, »Das geht nicht, die StVO gibt das nicht her.« Unser Top Thema im Augenblick sind Schutzstreifen außerorts. Es gibt Kreis- und Landesstraßen, die breit genug sind und wenig befahren, da könnte man Schutzstreifen anlegen, natürlich müsste dann dort die Höchstgeschwindigkeit reduziert werden auf 70 km/h. Das ist nach StVO aber verboten, und das Bundesministerium will da nicht ran. Uns würden solche Schutzstreifen aber ersparen, durch Radwegebau extra Flächen zu versiegeln. Die Frage im ländlichen Raum ist ja, wie man Radwege anlegen kann, ohne alles zuzupflastern. Stattdessen wird das Sicherheitsdenken so hoch gehängt, dass gar nichts geht. Das ist überhaupt ein deutsches Phänomen und Problem, dass wir dazu neigen, alles bis ins Detail zu regeln, und dann nicht mehr handlungsfähig sind.

Wenn wir das Rad durch solche Schutzstreifen auf die Straße bringen, wird der Autoverkehr langsamer. Das ist in Deutschland tabuisiert. Meiner Meinung nach ist es aber auch für Autofahrer entspannender, nicht ganz so schnell zu fahren. Ich fahre selbst auch Auto und spreche aus Erfahrung.

Schneller beim Pendeln ist ohnehin das Rad. Circa 30 000 Pendler fahren täglich in unser Oberzentrum Göttingen und das erzeugt dann entsprechend dichten Verkehr. Insgesamt wird immer noch zu sehr vom Auto aus gedacht. Das muss sich ändern, da die Realität mittlerweile eine andere ist.«[4]

## Netzwerkbildung und Wissenstransfer

Ein Forum für Netzwerkbildung und Erfahrungsaustausch zwischen den Radverkehrsverantwortlichen in den Kommunen ist die Fahrradkommunalkonferenz. Sie findet seit 2007 jährlich an wechselnden Orten statt und wird vom Deutschen Institut für Urbanistik (Difu) in Zusammenarbeit mit dem Deutschen Städtetag, dem Deutschen Landkreistag und dem Deutscher Städte- und Gemeindebund durchgeführt. Eine gastgebende Kommune lädt die kommunalen Fahrradexperten in Deutschland ein.[5]

Um permanenten Zugriff auf neueste Informationen rund um den Radverkehr zu bekommen, wurde zudem die Internetseite Fahrradportal (www.nationaler-radverkehrsplan.de) aufgebaut. Gerade für in der Verwaltung tätige Menschen sind die Informationen über aktuelle Projekte, Wettbewerbe, Forschungen und Aktivitäten rund um die Fahrradförderung sehr interessant. Die Seite dient als Best-Practise-Datenbank und verfügt unter anderem über eine Förderfibel, in der nachgeschaut werden kann, welche Projekte am jeweiligen Standort vom Bund gefördert werden könnten. Der einzige Nachteil des Instruments Fahrradportal zur Verbesserung der Fahrradbedingungen auch und gerade in den Kommunen ist, dass viele mit dem Radverkehr befasste Menschen die Seite noch nicht kennen.

Grundlagen, um in der Verwaltung für Informationen und Vernetzung hin zu einer Verkehrswende zu sorgen, sind aber zumindest gelegt. Was fehlt, ist nach 50 Jahren Autoverkehrsplanung nur noch eine flächendeckende Begeisterung für das Rad.

# Die Partner im Umweltverbund

Auch wenn Radfahren die Lösung vieler Probleme vom dicken Bauch bis zur verstopften Straße bereithält – es gibt Situationen und Menschen, für die es nicht greift. Und so ist es auch für das Rad gut, nicht alles allein machen zu müssen. Denn schließlich gibt es noch die Partner im Umweltverbund: Füße für die Kurzstrecke und die öffentlichen Verkehrsmittel für den Rest. Nur wenn alle drei gut verbunden sind und zugleich friedlich nebeneinander herlaufen können, ist eine bequeme, sichere und umfassende Mobilität gegeben.

## Fußgänger

Selbst wenn es überzeugte Autofahrer als Eltern hat – Das Gehen lernt jedes Kind irgendwann. Und braucht dafür weder einen Führerschein noch ein Hilfsmittel. Fußgänger kommen untereinander ohne Regeln aus und sind auf dem Gehweg alle gleichberechtigt.[1] Eine schöne harmonische Welt – die aufgrund ihres friedlichen Mobilitätsverhaltens oft in Verkehrsplanungen vergessen wird. Folge ist, dass Fußgänger innerorts die am häufigsten tödlich verunglückende Gruppe sind. Sie kommen auch auf dem Gehweg häufig zu Schaden: Knapp drei Prozent aller Erwachsenen in Deutschland werden jährlich nach einem Sturzunfall ärztlich behandelt, bei mehr als einem Drittel dieser Fälle kommt es zum Knochenbruch. Vor allem mit zunehmendem Alter nehmen die Unfallfolgen drastisch zu. Ein häufiger Unfallgrund ist die mangelnde Pflege der Gehwege, Klagen wegen der Verletzung der Verkehrssicherungspflicht mit Schadensersatzansprüchen häufen sich.[2] Gründe für Gehwegschäden gibt es viele: jahrelange Vernachlässigung, Materialabnutzung oder Baumwurzeln. Systematisch saniert werden Gehwege in den meisten Städten dennoch nicht – stattdessen bekommen die Fahrbahnen eine Erneuerung.

Im Zuge einer umfassenden Verkehrswende, müssten jedoch nicht nur die bereits bestehenden Gehwege saniert werden. In einem Handlungsleitfaden fordert der Verein FUSS e. V. »Schritte zur Einführung einer kommunalen Fußverkehrsstrategie«. Dazu würde gehören, Angsträume zu beseitigen. »Menschenleere Straßen, monofunktionale Bauten, etwa Bürogebäude, die von abends bis morgens ungenutzt sind, geschlossene und dunkle Fassaden, eine ungenügende Straßenbeleuchtung, verlassene Gehwege oder Fußgängertunnel, dunkle Ecken und zu viel dichtes Gebüsch« hemmen das Zufußgehen.[3] Eine offene, übersichtliche, beleuchtete Raumgestaltung wirkt nicht nur freundlich auf Fußgänger, sondern auch kriminalitätsmindernd. Dennoch liegen Gehwege, öffentliche Plätze und unvermeidliche Tunnel ebenso wie Radwege oft im Dunkeln – während zugleich Flächen beleuchtet werden, auf denen Autos unterwegs sind oder auch nur parken. Es wird Zeit für den Abbau des Modells der Bogenlampen, welche die Fahrbahn gut ausleuchten und zugleich den Fußweg im Dunkeln lassen. Sie sind eine historische Fehlentwicklung und haben sich einen trockenen Platz in der Asservatenkammer der Verkehrsmuseen verdient.

An der Zeit wäre es hingegen, die Barrierefreiheit zügig umzusetzen. Wo gibt es die Fahrbahn, die plötzlich Stufen hat oder so schmal wird, dass kein Auto durchpasst? Bei Gehwegen, Brücken und Zugängen zu öffentlichen Verkehrswegen sind solche Beschränkungen jedoch noch immer an der Tagesordnung. Und sie behindern nicht nur Rollstuhlfahrer. Auch mit dem Kinderwagen oder Rollator ist hier ein Weg oft beendet – was eine der Ursachen dafür darstellt, dass sich Familien spätestens beim zweiten Kind oft ein Auto anschaffen und alte Menschen selten das Haus verlassen und zu Hause dann rasten und rosten. Wer also glaubt, Barrierefreiheit sei ein zu vernachlässigendes Minderheitenproblem, irrt: In Deutschland leben 7,8 Millionen schwerbehinderte Menschen, die Behindertenquote beträgt insgesamt 9,8 Prozent – bei den über 64-Jährigen sogar 25 Prozent.[4] Für etwa zehn Prozent der Bevölkerung ist eine barrierefreie Umwelt also unentbehrlich, für 30 bis 40 Prozent (die zum Beispiel mit Kinderwagen, Koffer oder Rollator unterwegs sind) notwendig, und für alle wäre sie komfortabel.[5]

Eine barrierefreie Verkehrsgestaltung bedeutet jedoch nicht nur Bordsteinabsenkungen, funktionierende Aufzüge und Leitsysteme, sondern auch die Erkennbarkeit von Verkehrsinformationen zum Beispiel an Haltestellen. Wer schon einmal gesehen hat, wie ein alter Mann einer Supermarktkassiererin sein Portemonnaie zum Herausangeln der Münzen gegeben hat, ahnt, dass auch herkömmliche Fahrscheinautomaten in Großstädten nicht barrierefrei sind. Indes gilt: »Niemand darf wegen seiner Behinderung benachteiligt werden«, so steht es in Artikel 3 des Grundgesetzes der Bundesrepublik Deutschland. Die Integration behinderter Menschen in das öffentliche Leben wird damit rechtlich verankert, was leider nicht heißt, dass sie auch zügig und überzeugend in die Realität umgesetzt wird.

Stattdessen wird sie zu häufig von den meist ohne eine Behinderung lebenden Planern als ein notwendiges Übel angesehen, dem zufolge irgendwie die Erreichbarkeit von Bussen und Bahnen gewährleistet sein muss. Barrierefreiheit könnte indes auch als Impulsgeber für Maßnahmen angesehen werden, die allen Gehenden zu Gute kommen und Basis einer Fußverkehrsstrategie sind. Unebenheiten in den Belägen, Stolperfallen, fehlende Bordsteinabsenkungen sowie Treppen und angeschnittene Treppenstufen können vermieden werden – und zu Fuß gehen sicher und bequem werden lassen.

Auch mit barrierefreien Zugängen zu öffentlichen Verkehrsmitteln wird es weiterhin einige Menschen geben, die weder Rad noch ÖPNV fahren können und, um mobil zu bleiben, auf den motorisierten Individualverkehr angewiesen sind. Für Menschen, die künstlich beatmet werden, kann eine U-Bahnfahrt tödlich sein; Menschen mit Demenz oder psychischen Erkrankungen können einen Schub erleiden durch den Aufenthalt in reizüberfluteten Räumen. Zudem muss etwa eine Bustaktung sehr zuverlässig sein, da zum Beispiel Rollstuhlfahrer oft eine geringe Blutzirkulation haben und sich deshalb bei Kälte nur sehr kurz im Freien aufhalten können. Eine Wartezeit von nur fünf Minuten kann hier schon gesundheitsgefährdend sein. Wer sich eine inklusive Gesellschaft wünscht, muss, bis sich bessere Ideen entwickelt haben, für Menschen mit eingeschränkter eigener Mobilität also private Pkw erlauben. Allerdings sind dafür deutlich weniger Pkw notwendig, als zurzeit unterwegs sind. Denn bei den meisten Autofahrern liegen keine Sachzwänge zur Autonutzung vor.

Wer Verkehrsräume für alle Menschen angenehm nutzbar halten möchte, der braucht grundsätzlich nur fünf einfache Regeln zu beherzigen: Der Verkehr muss langsam rollen, es müssen einfache und klare Regeln herrschen, die Verkehrsräume müssen sicher sein, sorgfältig gepflegt sein, und es müssen bequeme Verbindungen möglich sein – am besten mit Sitzmöglichkeiten am Weg.

## Öffentliche Verkehrsmittel

Ein guter öffentlicher Personennahverkehr (ÖPNV) und sicheres, entspanntes Radfahren gehen Hand in Hand. Schließlich kann oder mag nicht jeder Rad fahren – und möchte trotzdem mobil sein. Deshalb ist eine funktionierende, saubere, bezahlbare, pünktliche und sichere öffentliche Verkehrsinfrastuktur entscheidend für Radfahrer – auch dann, wenn sie sie nicht nutzen.

Im Vergleich zu den 1960er Jahren hat der ÖPNV in Deutschland wie in großen Teilen Europas in einer Art Teufelskreis massiv gegenüber dem Kfz-Verkehr verloren. Durch gestiegene Pkw-Verfügbarkeit kam es zu einer zunehmenden Suburbanisierung, die mit einer räumlichen Trennung von Arbeit und Wohnen und geringeren Bevölkerungsdichten einherging. Öffentliche Verkehrsdienstleistungen wurden immer unprofitabler, sollten jedoch nur in geringem Maße subventioniert werden, schließlich verwandte man das öffentliche Geld lieber für den autogerechten Straßenbau. Linien wurden ausgedünnt oder gleich ganz eingestellt – weshalb einen eigenen Pkw zu haben zugleich immer wichtiger wurde.

Aus neoliberalen Überlegungen heraus wurden staatliche Bahngesellschaften privatisiert oder in eine privatwirtschaftliche Rechtsform transformiert. In den meisten Regionen Europas hatte die vorangetriebene Deregulierung negative Auswirkungen. Inzwischen sind zumindest in einigen Städten wieder Gegenbewegungen weg vom Auto hin zum Umweltverbund zu erleben. Wie weit diese Bemühungen vorangeschritten sind, überprüfte eine Untersuchung der Gallup Organization Hungary Ende 2009.[6] Weit vorn lag hier Wien, eine Stadt, deren verkehrspolitisch vorbildliche Entwicklung noch angesprochen werden wird.

Der ÖPNV ist das Zentrum einer lebensfreundlichen Stadtmobilität. Er muss gestärkt und ausreichend finanziert sein. 2019 beliefen sich die jährlichen Subventionen des Kfz-Verkehrs auf etwa 30 Milliarden Euro. Für einen leistungsstarken ÖPNV in deutschen Städten wären nach Berechnung des Umweltbundesamtes nur rund elf Milliarden Euro nötig.[7]

Damit einhergehen muss die konsequente Verknüpfung mit dem Radverkehr. Noch passen beide oft nicht zusammen. Versucht es ein Fahrradfahrer mit einer Zugreise, kann er anschließend oft eine Partygesellschaft mit Anekdoten zum Thema »Wie ich versuchte, mit Kind und Rad eine Bahnreise ins Umland zu machen« unterhalten. Plötzliche Gleiswechsel und kleine, langsame, defekte oder nicht vorhandene Fahrstühle ebenso wie schwierige Einstiege in den Zug sind Eckpfeiler einer jeden verpatzten Rad-Zug-Reise. Eine besondere Willkommenskultur schlägt dem Radfahrer auch im Nahverkehr nicht entgegen. Im Gegensatz zu Kinderwagen und Rollkoffern muss für das Rad ein eigenes Ticket gekauft werden. Im Zug erwarten Fahrer und Rad dann extra Abteile mit Klappsitzen, die theoretisch bei Bedarf für Radfahrer und ihre Gefährte freigegeben werden müssen. In der Praxis wird dies meist ignoriert und versucht, den zusteigenden Radfahrer samt Gefährt auf Abstand zu halten – immerhin könnten seine Reifen Schuhe, Hose oder Rock schmutzig machen.

Manche Radfahrer entscheiden sich deshalb lieber, wenn möglich ihr Velo am Bahnhof zurückzulassen. Was oft misslingt, da Bahnhöfe zwar früher einmal Symbol für Mobilität waren, heute aber vor allem dem Großeinkauf dienen. So kann man am Bahnhof vor dem Fahrtantritt schnell Dinge für unterwegs kaufen, eine Kaffeemaschine etwa, eine Wasserpfeife oder ein Paar Kontaktlinsen. Einen Radstellplatz oder gar ein Radparkhaus sucht man hingegen meist vergeblich. Grund ist, dass die Gelände der Bahnhöfe meist der Deutschen Bahn gehören, deren Interesse an Verknüpfungen mit dem Rest der mobilen Welt überschaubar ist. So verhandeln Kommunen oft ebenso lange wie erfolglos über gute Abstellmöglichkeiten. Und an vielen Bahnhöfen heißt es deshalb weiterhin: Rad schnell an irgendeinen Pfahl, Zaun oder Gitter anschließen und Richtung Zug laufen – und dann hoffen, dass es später noch da ist.

Denn der Radfahrer setzt sein nicht ständig mitgeführtes Gefährt gerade an Bahnhöfen verstärkter Diebstahlsgefahr aus – egal, ob legal oder illegal abgestellt. Allein im Jahr 2019 wurden 292 000 Fahrräder in Deutschland als gestohlen gemeldet. Die Dunkelziffer dürfte weit höher liegen, da die Chance, ein gestohlenes Rad wiederzuerhalten, bei weniger als neun Prozent liegt – eine Diebstahlsanzeige also nur bei vorhandener Versicherung direkten Sinn ergibt. Und nur 160 000 der als gestohlen gemeldeten Räder waren versichert.[8] Das bedeutet, dass mindestens 132 000 Menschen allein im Jahr 2019 ein wichtiger Teil ihrer Mobilität ohne Aussicht auf gleichwertigen Ersatz geraubt wurde. Wie wichtig das Rad war, sagt der materielle Wert allein nicht aus. Schließlich ist ein 500 Euro teures Rad für den einen eine bedeutende Anschaffung, auf die lange gespart werden muss, für den anderen handelt es sich hingegen um ein einfaches Alltagsrad, von denen er noch zwei im Keller stehen hat. Der immaterielle Wert des eigenen Gefährts ist oft auch hoch. Der Fahrraddiebstahl kann einen zudem im ungünstigen Augenblick treffen, zum Beispiel auf dem Weg zu einem Vorstellungsgespräch oder zum Bahnhof, wo ein gebuchter Fernzug erreicht werden sollte.

Überhaupt ist das Thema Fahrraddiebstahl ein gutes Beispiel, mit welcher Nonchalance die Politik auf Interessen der Radfahrer reagiert. Mehr als 300 000 jährliche Fahrraddiebstähle gibt es in Deutschland. 27 Prozent der Deutschen wurde schon mindestens ein Fahrrad gestohlen. Dass das kein politisches Thema ist, dem zum Beispiel durch angemessene Abstellanlagen und Kontrollen vorzubeugen sich bemüht wird, ist beeindruckend.

# Auf dem Land

Der Verkehr in Städten unterscheidet sich stark von dem auf dem Land – und meist wird von Städten geredet. Indes lebt nur etwa ein Drittel der deutschen Bevölkerung in einer der 85 Großstädte mit mehr als 100 000 Einwohnern. Die anderen sind in Dörfern und Kleinstädten zu Hause; über sieben Millionen leben in Ortschaften mit bis zu 2000 Einwohnern. Dort gibt es abgesehen von vereinzelten Ausnahmen keine Car-Sharing-Dienste oder Leihradsysteme – und öffentliche Verkehrsmittel beschränken sich meist auf wenige Buslinien, die abgesehen von den Schulbussen zu Unterrichtszeiten kaum genutzt werden. Die Autorin selbst ist auf einem Dorf aufgewachsen und kann sich noch gut daran erinnern, wie eine Frau eines Morgens bei der dunklen Bushaltestelle gegenüber der alten Meierei auftauchte. Sie stand dort, abseits der Bank, wo wir Schüler unsere Gespräche verstummen ließen und zu ihr herüberstarrten. Was wollte diese Person? Was trieb sie hier am frühen Morgen? Als der Bus schließlich die Haltestelle erreichte und seine Türen öffnete, ging sie zur vorderen Tür und kaufte einen Fahrschein. »Die fährt mit dem Bus!«, tuschelten wir ungläubig und beobachteten die ganze Fahrt über diese seltsame Fremde inmitten »unseres« Gefährts.

Busse fahren auf dem Land in westdeutschen Bundesländern schon lange vor allem für Schulkinder. Und in den ostdeutschen Regionen hat man nach der Wende erleben dürfen, dass Begriffe wie »Taktangleichung« oder »Ausdünnung« nur besser klingen als einstellen und auslaufen lassen, aber dasselbe meinen. Wozu die Einstellung von öffentlichen Verkehrsverbindungen in ländlichen Regionen führt, ist klar: Eine kleine Gruppe von Menschen bewegt sich so gut wie gar nicht mehr, die andere fährt Auto. Denn Letzteres hat auf dem Land nach wie vor eine hohe Attraktivität. Es gibt kaum Staus, aber dafür überall Parkplätze beziehungsweise freie Flächen, auf denen ein Auto geduldet wird; man kommt dort an, wo man auch hinwill, und das auch noch, wann man will.

Wie es sich ohne Auto auf dem Land bewegt, zeigt exemplarisch die Homepage des Theatersommers in Netzeband (Brandenburg). Unter dem Reiter »Anfahrt« finden sich folgende Hinweise:

»Mit dem Zug: Mit dem Prignitz-Express RE 6 ab Berlin-Spandau in Richtung Neuruppin und Wittstock. Leider gibt es am späten Abend keine Rückfahrmöglichkeit nach Berlin.

Mit dem Auto: A 10 / A 24 Berlin – Hamburg. Achtung Bauarbeiten! Nehmen Sie am besten die Abfahrt Herzsprung, fahren Sie in Richtung Neuruppin, kurz nach Rägelin kommt die Abzweigung nach Netzeband. Parken: Auf einem Feld gegenüber der Kirche. Kurz nach der Einfahrt ins Dorf sehen Sie rechter Hand das Hinweisschild.«[1]

## Die Entbahnifizierung am Beispiel Ostdeutschlands

Wer auf dem Land kein eigenes Auto hat, kann an vielen Aktivitäten schlicht nicht teilnehmen. Das ist kein naturgegebener Zustand, sondern Ergebnis jahrzehntelanger Politik. In der DDR etwa lebten im Herbst 1988 16,6 Millionen Menschen, zugleich waren 3,7 Millionen Pkw zugelassen. Auf ein Auto kamen somit statistisch 4,9 Personen. Aber es gab ein dichteres Bus- und Bahnnetz, das nach der Wende der vermeintlichen Wirtschaftlichkeit zum Opfer fiel. Der Spiegel schrieb dazu in weiser Voraussicht im April 1992: »Das System von Bussen und Bahnen in Ostdeutschland, einst Vorbild auch für den Westen, steht vor dem Zusammenbruch.«[2]

Damals standen in den meisten ostdeutschen Städten die Verkehrsunternehmen vor der Pleite. Bis zum Ende der DDR hatten Verkehrskombinate ein System des öffentlichen Personennahverkehrs aufgebaut, das auch unter westlichen Verkehrsexperten als vorbildlich galt. Die DDR-Bürger wurden rund um die Uhr mit Bussen und Straßenbahnen bedient, vom Ost-Takt konnten westdeutsche Fahrgäste nur träumen. Noch 1992 zur Zeit des Spiegel-Artikels fuhr zu Stoßzeiten alle 90 Sekunden ein Bus die Haltestellen zwischen dem Jenaer Außenbezirk Lobeda und dem Stadtzentrum an. Die Fahrscheine waren zudem extrem günstig. Bis zur Wende kostete ein Grundfahrschein zwölf Pfennig. Damit deckten die Verkehrskombinate 13 bis 15 Prozent ihrer Kosten (während die Kostendeckung in der Bundesrepublik bei 45 bis 65 Prozent lag). Der Rest wurde unhinterfragt aus Steuergeldern beglichen, da der öffentliche Nahverkehr als eine abzuleistende Aufgabe des Staates galt.

Nach der Wende machte sich die Treuhand als neue Eigentümerin an die Entflechtung der Kombinate, die neben dem Nahverkehr auch Speditionen, Taxis und Autowerkstätten betrieben. Verkehrsgesellschaften wurden gegründet und den Kommunen vermeintlich kostenlos angeboten. Deren Interesse war gering. Denn die neuen Landesregierungen lehnten rasch nach der Wende eine Finanzierung des ÖPNV ab. 1991 hatten die Länder noch den Finanzausgleich der Verkehrsgesellschaften zu meist 100 Prozent übernommen. Aus dem Schweriner Wirtschaftsetat wurden zum Beispiel über 180 Millionen Mark in die zu einer Verkehrs-AG zusammengefassten ehemaligen Verkehrskombinate Rostock, Schwerin und Neubrandenburg gezahlt. 1992 waren es noch zwischen 60 und 80 Prozent. Tendenz sinkend. Auch die Thüringer Betriebe mussten mit etwa einem Drittel weniger Subventionen auskommen, die Landesregierung stellte nur noch 140 Millionen Mark bereit. Beliebt waren zudem auch Anfang der 90er Jahre Worthülsen. So verkündete der thüringische Wirtschaftsminister Jürgen Bohn (FDP) er wolle, »den ÖPNV besser ausgebaut halten als in den alten Bundesländern«. Das entsprechende Geld ging dann aber doch in den Straßenbau.

In allen neuen Bundesländern mussten die Kommunen die Subventionskürzungen mit den Fahrpreisen ausgleichen, die rasant in die Höhe schnellten. Der sächsische Wirtschaftsminister Kajo Schommer (CDU) empfahl schon 1992 allen Betreibern, den Grundfahrpreis auf 1,50 Mark zu erhöhen. »Kostendruck und Einnahmen erhöhen«, so das Ministerium, »sei klare Linie der Landesregierung«.[3] Selbst drastische Preiserhöhungen konnten die Verluste jedoch kaum reduzieren. Unter dem aufgebauten Kostendruck wurde stattdessen rasch Personal abgebaut, wurden Linien aufgegeben und Taktzeiten verlängert. In den vergangenen 25 Jahren wurden so 3600 Kilometer im Schienennetz für den Personenverkehr stillgelegt. Nur wenige dieser Strecken wurden reaktiviert.[4]

Eine Möglichkeit, den Kollaps von Verkehr und Finanzen ostdeutscher Kommunen abzuwenden, wäre gewesen, die Städte, wie im Westen damals üblich, Verkehrsdefizite mit den Gewinnen ausgleichen zu lassen, die mit dem Vertrieb von Strom und Wasser zu erzielen sind. Allein: Die Strom- und Wasserversorgung hatte die Treuhand den Energieversorgungskonzernen aus Westdeutschland anvertraut.[5]

Außerdem gab es auch in den ostdeutschen Bundesländern bei vielen Menschen den Wunsch nach einem eigenen Auto, den sie sich freilich zu DDR-Zeiten nicht erfüllen konnten. Die Menschen stiegen also nach der Wende aufs Auto um, und schon bald sahen die Innenstädte im Osten ähnlich blechzentriert aus wie die im Westen. Auch kleine Ortschaften etwa rund um Berlin gleichen knapp 30 Jahre später an Wochenenden Pkw-

Haltezonen: Freitags wird sich aus der Stadt ins Grüne gestaut, sonntags wieder zurück. Ruhe und Natur, das einzige, was diese Dörfer heute noch zumindest theoretisch zu bieten hätten, verschwinden hinter den vibrierenden Auspuffrohren.

Im sogenannten fairen Wettstreit der Verkehrsmittel setzte sich so in ganz Deutschland das Auto durch, sodass es in der Bundesrepublik Anfang 2019 47,1 Millionen zugelassene Pkw bei 82,7 Millionen Einwohnern gab.[6] Das ergibt pro Pkw nur 1,76 Menschen. Zieht man jetzt autofreie Großstädter und Kinder ab, ist klar: Wer auf dem Land kein Auto hat, ist ein Sonderling oder hat den Führerschein verloren. Und wo schon mal ein Auto ist, da will es auch benutzt werden, egal wie kurz die Strecke ist. Der sprichwörtliche Gang zum Bäcker wird dann auch per Auto erledigt, schließlich steht es vor der Tür, beim Bäcker ist auch ein Parkplatz, und so spart man sich auch noch diese vielleicht 800 Meter Fuß- beziehungsweise Radweg. Längere Strecken werden ohnehin nicht mehr per Bahn oder Bus absolviert, es erscheint zu umständlich, sich nach Fahrplänen richten zu müssen – und teuer ist es außerdem, schließlich werden die immensen Grundausgaben für das Auto ja ohnehin schon getätigt. Und so bleibt nur der direkte Vergleich von Fahrkarten zu Spritpreis.

Um auch in Dörfern und Kleinstädten Menschen wieder weg vom privaten Pkw zu holen, sind neue Konzepte notwendig. Vielleicht steht in Form autonomer Fahrzeuge bereits eines in den Startlöchern: Wenn man den reinen Betriebskostenpreis eines autonom fahrenden Shuttles verdreifacht, ergeben sich Kilometerkosten von 30 Cent. Der Preis für einen zehn Kilometer Transport von Tür zu Tür läge bei drei Euro, was weniger ist, als viele Bustickets heute kosten – aber den zusätzlichen Vorteil des Tür-zu-Tür Transports hätte. Wichtig ist, die Entwicklung dieser Technologie zu beobachten und zu entscheiden, ob Betreiberkonsortien solcher Shuttles künftig in privater oder staatlicher Hand liegen sollen.[7] Ob Mobilität im ländlichen Raum also wieder ein öffentliches Gut wird.

Das Regionalisierungsgesetz der Bundesrepublik Deutschland vom 27. Dezember 1993 definiert übrigens die Sicherstellung einer ausreichenden Bedienung der Bevölkerung mit Verkehrsleistungen im öffentlichen Personennahverkehr als eine Aufgabe der grundgesetzlich verankerten Daseinsvorsorge.

## Beispielhaft – Grafschaft Bentheim und Nordhorn

Dass in einer eher ländlichen Region zu leben, nicht unbedingt heißt, Auto zu fahren, macht Nordhorn deutlich. Der gut 50 000 Einwohner zählende Ort liegt in der Grafschaft Bentheim in Südniedersachsen an der Grenze zu den Niederlanden. In den Jahren 2007 und 2011 gewann die Grafschaft Bentheim den Preis für den fahrradfreundlichsten Landkreis Niedersachsens und ist für die Jahre 2017 bis 2021 als »Fahrradfreundliche Kommune« zertifiziert. Nordhorn selbst hat einen Radverkehrsanteil von 39 Prozent und investiert mit 22 Euro pro Kopf deutschlandweit das meiste Geld in den Radverkehr.[8]

Neben den Investitionen profitiert der Ort auch von seinen guten Startbedingungen: einem Wasserstraßennetz, an dessen Ufern relativ umstandslos schöne und sichere Radwege angelegt werden konnten. Zudem wurden Einbahnstraßen für Radfahrende freigegeben und Fußgängerzonen geöffnet. An vielen Kreuzungen haben Radfahrer Vorfahrt, Abstellanlagen wurden auf Kosten von Autoparkplätzen eingerichtet. Der Ort investierte nicht nur Geld in Öffentlichkeitsarbeit für das Fahrrad, sondern hat auch mit Thomas Berling einen Bürgermeister, der schon mal im Rahmen einer Aktion drei Wochen lang nur mit dem Fahrrad unterwegs ist. Er schreibt als Grußwort des Radverkehrskonzepts seiner Stadt:

»Da ich selbst so viel wie möglich mit dem Rad erledige, freue ich mich nicht nur als Bürgermeister sondern auch ganz persönlich auf die Umsetzung des Radverkehrskonzeptes. Gleichzeitig setze ich auch auf Ihre Mithilfe! Wagen Sie das Experiment, lassen Sie Ihr Auto einmal eine Weile stehen und nutzen Sie das Fahrrad. Auf dem Weg zur Arbeit, beim Einkaufen oder zum Besuch bei Freunden. Testen Sie die Infrastruktur und die Neuerungen aus diesem Konzept und teilen Sie uns mit, wo noch Verbesserungsbedarf besteht. Wir sehen uns auf dem Radweg!«[9]

Womit ein erheblicher Erfolgsfaktor jeder Radverkehrsstrategie erwähnt wäre: Wenn Menschen in Entscheidungsfunktionen, die zudem in irgendeiner Form zumindest Vorbildcharakter haben könnten, öffentlichkeitswirksam mit dem Fahrrad unterwegs sind, anstatt sich in klimatisierten Dienstlimousinen hinter Akten zu verbergen, ist ein großer Schritt in Richtung Verkehrswende getan.

## Das Dorf aufs Rad bringen

Was abgesehen von Rad fahrenden Vorbildern grundsätzlich geschehen muss, um es auch Menschen auf dem Land zu ermöglichen, sich vom Auto zu befreien, erklärt der Masterplan Radfahren des Landkreises Göttingen beispielhaft. Es geht, wie in der Stadt auch, um den Aufbau beziehungsweise Erhalt entsprechender Infrastruktur und guter Verknüpfungen mit öffentlichen Verkehrsmitteln:

»Stellen Sie sich vor, es würden die vorhandenen Wege für die alltäglichen Routen zu den zentralen Orten unterhalten, in Stand gesetzt und schlecht befahrbare Abschnitte für E-Bike-Nutzung adäquat hergerichtet.

Stellen Sie sich vor, es würden die vorhandenen Freizeitrouten zur guten Erreichbarkeit unserer Naherholungsziele und zu besseren Erlebbarkeit der Region erhalten, unterhalten, in Stand gesetzt und schlecht befahrbare Abschnitte hergerichtet.

Stellen Sie sich vor, es würden Baulastträger-übergreifend mit dem Bund, dem Land, dem Landkreis und den Kommunen die Radverkehrsmaßnahmen abgestimmt und umgesetzt.

Stellen Sie sich vor, es würden die Verkehrsmittel PKW, Bahn, Bus, Rad anhand von intelligenten intermodalen Knotenpunkten zum Umstieg verknüpft.

Stellen Sie sich vor, es würden alle Verkehrsbeziehungen zu unseren benachbarten Landkreisen abgestimmt und verknüpft.

Stellen Sie sich vor, es würden alle Wegweisungen angepasst, vereinheitlicht und aktualisiert.«[10]

Angelehnt an John Lennons Text »Imagine« (Stell dir vor) könnte es weitergehen mit: Sie mögen glauben, wir seien Träumer. Aber wir sind nicht die einzigen. Wir hoffen, eines Tages werden Sie sich uns anschließen, und der Landkreis Göttingen wird wieder eins.

Der Vorteil eines Landrates gegenüber einem Poeten ist indes, dass er Träume auch umsetzen kann. Und deshalb wird in der Broschüre zum Masterplan auch beschrieben, wie und welche Möglichkeiten Kommunen und Grundeigentümer nutzen können, um solche Maßnahme gefördert umzusetzen. Dazu lädt der Landrat dann alle Mitbürger herzlich ein.[11]-

Dass eingeladen werden muss und nicht schlicht umgesetzt werden kann, hängt auf dem Land wie anderswo unter anderem mit dem Föderalismus zusammen. »Angesichts der Planungshoheit der unterschiedlichen Baulastträger (Bund, Land, Kreis, Gemeinden, Wirtschaftswege) ist die Schaffung eines integrierten Radroutennetzes eine große Herausforderung.«[12] Es gibt also auch auf dem Land nie die eine Verantwortliche oder den einen

Ansprechpartner, sondern ein Sammelsurium an Zuständigkeiten. Exemplarisch heißt das, etwaige Radwegekonzepte des jeweiligen Bundeslandes miteinzubinden und zu versuchen, Baulastträger-übergreifende Projekte zu initiieren. Einen Bagger kann auch ein Dorfbürgermeister in den meisten Fällen nicht einfach losschicken, um ein Problem zu klären. Stattdessen heißt es meist, sich immer wieder abzustimmen. Lediglich den Ausbau von Radwegen an Kreis- und Gemeindestraßen, sowie den Ausbau von Wirtschaftswegen können Kommunen eigenständig angehen.

Und so können Kommunen die Verknüpfung mit öffentlichen Verkehrsmitteln und gute Abstellmöglichkeiten zumindest dann erreichen, wenn die Haltestellen sich an Straßen des Kreises oder der Gemeinde befinden und die jeweiligen Verkehrsunternehmen mitziehen. Möglich ist auch Öffentlichkeitsarbeit für ein fahrradfreundliches Klima, das dafür sorgt, Radfahrer nicht mehr als Verkehrshindernisse, sondern als gleichberechtigten Verkehr wahrzunehmen, und eine Vernetzung der Akteure. Im Beispiel des Landkreises Göttingen funktionierte das gut mit dem Arbeitskreis Radverkehr.

Der Masterplan Zukunftsfähiger Radverkehr 2018 des Landkreises Göttingen ist ein weiteres gutes Beispiel dafür, dass auch auf dem Land eine Bewegung weg vom Auto hin zu mehr selbständiger Bewegung möglich ist. Zumal wenn man bedenkt, dass auch dort viele Strecken deutlich kürzer sind, als sie erscheinen. So pendelt jeder Deutsche im Schnitt knapp 17 Kilometer zur Arbeit.[13] Selbst das ist noch eine Strecke, die auf Radschnellwegen oder anderer guter Infrastruktur auf dem ampelarmen Land für viele auch dank E-Bikes deutlich unter einer Stunde zu bewältigen ist. Ein echter Vorteil ländlicher Gegenden gegenüber Städten ist zudem oftmals die Umgebung während der Fahrt. Denn wer durch Wälder und Wiesen fährt, nimmt unterwegs eine Art Kurzurlaub und kommt entspannt am Ziel an.

# Was geht? Andere Städte, andere Straßen

Es klingt gut: Mit dem Rad retten Sie die Umwelt, bleiben oder werden fit und gesund. Ausschlaggebend ist im Alltag aber etwas anderes: Menschen möchten schnell, sicher und einfach ans Ziel kommen.[1] Doch auch hier kann das Fahrrad gewinnen, denn schon jetzt ist es auf vielen Strecken die schnellste Mobilitätsform. Immerhin erspart sich ein Radfahrer die Zeit im Stau ebenso wie die der Parkplatzsuche. Und er hat sein Rad meist direkt vor der Tür stehen. Doch leider hängt die Freiheit der eigenen Mobilitätsentscheidung erheblich davon ab, wie sich rechtliche und infrastrukturelle Rahmenbedingungen entwickeln, die in der Entscheidung der öffentlichen Hand liegen: Niemand kann sich selbst einen Radweg kaufen.

Gab es denn schon irgendwo Städte, die sich für eine Verkehrswende weg vom Auto hin zu einer lebendigen Umwelt entschieden und entsprechend gehandelt haben? Ja, die gibt es, und sie sollten als Vorbild dienen!

## Amsterdam

Amsterdam hat seine Kehrtwende schon vor vielen Jahren begonnen und ist bekannt als Fahrradstadt. Beim Modal Split liegt der Radverkehrsanteil mit 32 Prozent vorn, gefolgt vom Zufußgehen mit 30 Prozent, dem MIV mit 22 Prozent und 16 Prozent ÖPNV. Für lebendige Städte ist indes entscheidend, dass möglichst wenig Auto gefahren wird. Und dies findet in der niederländischen Metropole immer noch in beinahe jedem vierten Fall statt. Wie geht die Stadt damit um?

Derzeitiger Plan ist, den Platz zum Abstellen von Kfz weiter zu beschneiden. Seit 2019 soll die Zahl der ohnehin knappen Anwohnerparkberechtigungen im Zentrum um jährlich 1500 reduziert werden, indem etwa aufgrund eines Umzuges oder einer Abmeldung zurückgegebene Ausweise nicht wieder vergeben werden. Dadurch sollen bis 2025 etwa 11 000 Parkplätze entfernt und durch breitere Gehwege, Straßengrün und Radwege ersetzt werden. Noch stehen in der Stadt rund 432 000 öffentliche Parkplätze zur Verfügung, wovon man immerhin nur 265 225 sieht – die anderen befinden sich in Tiefgaragen oder Parkhäusern. Ausgerechnet im historischen Kern der Stadt mit seinen engen Straßen und Grachten werden die meisten Autos jedoch im öffentlichen Straßenraum abgestellt. In den 60 verkehrsreichen Zonen der Stadt wird die Zahl der vergebenen Parkausweise seit Juli 2019 deshalb alle sechs Monate um 1,1 Prozent reduziert. Die freigewordenen Flächen sollen für Grünflächen, Ladezonen, zur Verbreiterung von Gehwegen oder Bereitstellung von Radabstellanlagen genutzt werden – schließlich hat Amsterdam zu wenig wohnortnahe Parkplätze für Räder. Im April 2019 wurden begleitend zur Reduktion des Anwohnerparkens auch die Parkgebühren für all jene ohne Anwohnerparkausweis im Zentrumsbereich von fünf auf 7,50 Euro pro Stunde erhöht.[2]

## Bremen

In keiner anderen Stadt Deutschlands mit mehr als 300 000 Einwohnern fahren mehr Menschen mit dem Rad als in Bremen. Europaweit rangiert die Hansestadt nach Kopenhagen und Amsterdam auf dem dritten Platz der Fahrradstädte. Und den deutschen Fahrradklimatest 2018 konnte Bremen im Vergleich der Städte mit mehr als 500 000 Einwohnern gewinnen – allerdings mit einer Gesamtnote von 3,5, was gerade noch befriedigend entspricht.[3] Ein Radfahrerparadies ist die Stadt also noch nicht, im Vergleich aber optimal. Wie machen die das?

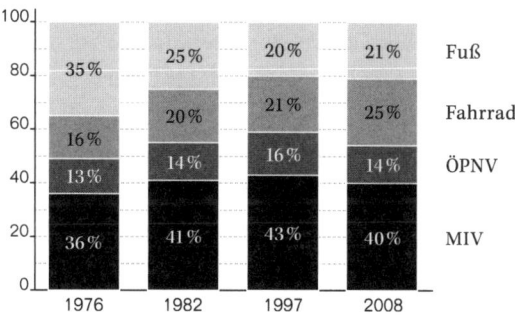

Entwicklung des Modal Split in Bremen seit 1976[4]

Bremen, ebenso wie die beiden prominenten europäischen Fahrradstädte Amsterdam und Kopenhagen, war nicht immer eine Fahrradstadt. In den 60er Jahren gab es hier fast keinen Radverkehr mehr, dafür wuchs der Kfz-Verkehr. Eine Veränderung begann 1973, als mit der Mozarttrasse ein Autobahnprojekt mitten durch die Stadt verhindert wurde. Zu weniger Autoverkehr führte die Bewegung jedoch nicht. Stattdessen wurde der Bau von Stadtautobahnen an den Rand der Stadt verlagert. Nun gibt es Autobahnen in den Vororten und mehrspurige Zubringer wie die Kurfürstenallee und Neuenlander Straße. Zugleich wurden jedoch in Bremen sogenannte Fahrradstraßen gebaut, die wenig bis gar keine Einschränkungen für den Autoverkehr bedeuteten – ein Phänomen, das sich vielerorts beobachten lässt. Vielen Verkehrsteilnehmern dürfte die gesetzliche Bedeutung einer Fahrradstraße zudem völlig fremd sein.[5]

Was sind Fahrradstraßen? Ein kurzer Exkurs: Seit 1997 gibt es in der StVO das Zeichen mit der Nummer 244, das den Beginn einer Fahrradstraße kennzeichnet. Zusätzlich zu dem

Schild sind viele Fahrradstraßen mit Fahrradsymbolen auf der Fahrbahn markiert. Fahrradstraßen sind für Kraftfahrzeuge gesperrt, durch ein Zusatzschild kann jedoch manchen Kfz-Fahrern die Straßennutzung erlaubt werden (zum Beispiel Anliegern). Auf Fahrradstraßen gilt eine Höchstgeschwindigkeit von 30 Stundenkilometern. Radfahrer haben Vorrang. Sie dürfen auch nebeneinander fahren. Allerdings gilt das Rechtsfahrgebot. Möchte ein Autofahrer überholen, muss er mindestens 1,5 Meter seitlichen Abstand zu den Radfahrern halten.[6]

Die Praxis: Die meisten Fahrradstraßen werden mit dem Zusatzschild »Anlieger frei« gekennzeichnet. Sie sind also nicht für Kfz-Verkehr verboten, sondern sollen lediglich vom MIV-Durchgangsverkehr befreit werden. Da dies selten kontrolliert wird, werden Fahrradstraßen von Kfz-Nutzern oft als Schleich- und Umgehungsstraßen genutzt. Hier, wie überall im Stadtgebiet, gibt es zudem selten Geschwindigkeitskontrollen, sodass die Maximalgeschwindigkeit von 30 Kilometern pro Stunde meist nicht eingehalten wird. Etliche Kfz-Lenker kennen zudem die Bedeutung von Fahrradstraßen nicht und bedrängen Radfahrer, die nebeneinander fahren. Auch Parken ist in Fahrradstraßen in der Regel erlaubt, was oftmals zu Staus des Radverkehrs führt, da Autos lange rangieren oder nicht aneinander vorbeikommen und die ganze Fahrbahnbreite blockieren.

25 Prozent Radanteil hat Bremen also. Warum es seit langem nicht mehr wird – und der Kfz-Verkehr nicht weniger –, macht vielleicht gerade die städtische Werbekampagne fürs Rad deutlich: »Adiós Wartezeiten: Das Tempo bestimmt ihr!«[7], ist dort als Erstes zu lesen. Und was kommt dann? Ein Aufruf, sich vom täglichen Stau und der Parkplatzsuche zu befreien? Auszubrechen aus dem Metallgefängnis, in dem der durchschnittliche deutsche Autofahrer 120 Stunden jährlich bewegungslos im Stau wartend verbringt[8] – ohne die Chance, auszusteigen und sich weiterzubewegen in Richtung angestrebtem Ziel? So geht

es leider nicht weiter. Eine Kampagne pro Rad bedeutet hier eine Kampagne gegen den öffentlichen Verkehr:

> »Ihr seht nur noch die Rückleuchten von Linie drei und die zwei kommt erst in acht Minuten? Für euch spielen Bus- und Straßenbahn-Fahrpläne keine Rolle mehr! Mit eurem Fahrrad gelangt ihr unabhängig und schnell von A nach B: Adiós Warte- und Umsteigezeiten! Außerdem punktet ihr besonders bei Kurzstrecken von weniger als fünf Kilometern mit dem Tempo: In diesem Entfernungsbereich ist das Rad das schnellste Verkehrsmittel!«[9]

Na toll. Dabei sollte logisch sein, dass der größte Gegenspieler in Bezug auf Platz, Gefahr und Schadstoffausstoß für Radfahrer nicht Busse und U-Bahnen sind – sondern Autos. Nebenbei nutzt der Text, der eigentlich Werbung für modernes Radfahren machen soll, noch Formulierungen aus der längst vergangenen Verniedlichungszeit des Radfahrens. Oder gibt es jemanden, der einen »Drahtesel« für ein ernstzunehmendes Verkehrsmittel hält? Und klingt es erstrebenswert, sich »durchs Leben zu strampeln«? Würde ein Werbetext fürs Auto davon reden, sich in seiner Blechmuli durchs Leben stauen zu lassen? Wer von Drahteseln redet, hat maximal ein Bahnhofs- und Kneipenrad im Kopf, also jene Modelle, die fast jeder großstädtische Radfahrer als Zweitmodell besitzt, um nicht ständig neue Tarife mit der Versicherung wegen erneuten Diebstahls aushandeln zu müssen. Tatsächlich sind in Deutschland aber zum Beispiel fast sechs Millionen E-Bikes unterwegs, die derzeit in deutschen Städten schnellsten Verkehrsmittel überhaupt und damit recht weit entfernt vom Esel. Nun denn, immerhin plant Bremen ein Stadtviertel für die Drahtesel. »Laut Verkehrsentwicklungsplan verwandelt sich Bremens ›Alte Neustadt‹ bis 2025 in eine Fahrradzone. Diverse Einzelmaßnahmen zeichnen das Fahrradmodellquartier zukünftig aus: befahrbarer Asphalt ersetzt unebenes Kopfsteinpflaster, rund 600 neue Fahrrad-Parkmöglichkeiten werden eingerichtet, Hauptverkehrsstraßen erhalten bessere Querungsmöglichkeiten.«[10]

Auch in Bremen ist Verkehrspolitik jedoch weiterhin vor allem Autopolitik: »Im Koalitionsvertrag der Sozialdemokraten und Grünen hatten sich die Regierungsparteien für den Bremer Verkehr viel vorgenommen. Der Ringschluss der Autobahn 281 ist laut der Vereinbarung ›das zentrale Ziel‹.«[11] Eine echte Kehrtwende hin zu einer neuen Verkehrspolitik weg vom Auto gibt es bislang also noch in keiner deutschen Großstadt.

## Karlsruhe

Bewegung indes gibt es. So lag der Radverkehrsanteil in Karlsruhe 2002 bei 16 Prozent. Im Oktober 2005 verabschiedete der Gemeinderat ein 20-Punkte-Programm zur Förderung des Radverkehrs, um die Stadt fahrradfreundlicher zu machen. Da dieses Programm zumindest in den ersten Jahren große Wirkung entfaltete und beispielgebend für andere Gemeinden sein kann, sei es hier in ganzer Länge zitiert:

»Beschluss des Gemeinderats vom 25. Oktober 2005
    Präambel
Vor dem Hintergrund seiner Tradition als Heimatstadt des Ur-Vaters des Fahrrades, Karl Freiherr von Drais, hat Karlsruhe mit seiner Lage in der Rheinebene, seinem gemäßigten Klima und seinem kompakten, gut erreichbaren Stadtkern ideale Voraussetzungen für einen hohen Anteil des Radverkehrs am Gesamtverkehrsaufkommen. Daraus macht Karlsruhe bislang zu wenig. Der Anteil des Radverkehrs kann erhöht, die Unfallhäufigkeit muss herabgesetzt werden. Das folgende 20-Punkte-Programm zeigt das Ziel und den Weg dorthin. Es baut darauf auf, dass der öffentliche Verkehrsraum grundsätzlich

allen Verkehrsteilnehmern gleichberechtigt zur Verfügung steht. Jeder Verkehrsteilnehmer wird nach seinen spezifischen Bedürfnissen behandelt. Toleranz und gegenseitige Rücksichtnahme sind oberstes Gebot. Mit diesem Programm soll kein Vorrang für den Radverkehr in der Stadt propagiert, wohl aber Partei ergriffen werden für eine Verkehrsart, die in der Stadt ein zügiges Fortkommen ermöglicht, die Unabhängigkeit und Freude beim Fahrerlebnis bringt.

Karlsruhe will sich als die Fahrrad-Großstadt Nr. 1 in Süddeutschland positionieren. Neben der Verbesserung der Infrastruktur ist dazu auch eine verstärkte Öffentlichkeitsarbeit nach innen und außen erforderlich. Der Radverkehr soll gezielt als Thema in das städtische Marketing aufgenommen werden.

Der Radverkehrsanteil an allen Wegen soll bis 2012 von 16% auf 21% gesteigert werden, bis 2015 auf 23%. Der Zuwachs soll durch Verlagerungen vom MIV gewonnen werden. Um dieses Ziel zu erreichen, orientiert sich die Radverkehrsförderung in Karlsruhe an dem Leitbild »Radverkehr als System«. Karlsruhe hat strukturell sehr gute Voraussetzungen für den Radverkehr. Die Stagnation beim Radverkehr in den letzten Jahren ist aber ein Indiz dafür, dass eine Intensivierung der Radverkehrsförderung auf allen Handlungsfeldern des Radverkehrssystems erforderlich ist.

Die Verkehrssicherheit für den Radverkehr soll deutlich erhöht werden. Insbesondere soll trotz der steigenden Zahl von Radfahrern die Zahl der Radfahrerunfälle um mindestens 15%, die Zahl schwer verunglückter Radfahrer bis 2010 um mindestens 25% verringert werden. Wesentliche Schritte dazu sind eine detaillierte und stark maßnahmenbezogene Analyse der Unfalldaten, ein Sofortmaßnahmenprogramm zur Entschärfung von Unfallhäufungspunkten und die anhaltende flächenhafte Verbesserung der Infrastruktur für den Radverkehr im Straßennetz.

Bei allen Straßenbaumaßnahmen im Netz der Hauptverkehrsstraßen, gleich ob es sich um Umbau, Sanierung oder Neubau handelt, sind die Belange des Radverkehrs als gleichberechtigt zu beachten und, wenn irgend möglich, Radverkehrsanlagen vorzusehen. Es ist in jedem Fall nachzuweisen, inwieweit Möglichkeiten zur Verbesserung der Radfahrbedingungen untersucht wurden.

Die Anforderungen an eine Radverkehrsverträglichkeitsprüfung sind verbindlich zu formulieren. Eine Beschreibung des Ablaufs und Kriterien in Form einer Checkliste sind zu entwickeln, um die einheitliche Umsetzung und die Nachprüfbarkeit zu unterstützen.

Für die Erhöhung der Verkehrssicherheit ist die Ausstattung aller radverkehrsrelevanten Hauptverkehrsstraßen mit Radverkehrsanlagen oder die verträgliche Abwicklung im Mischverkehr notwendig. Vorhandene Radverkehrsanlagen sind vorrangig dort, wo Verkehrssicherheitsdefizite aufgetreten sind, in Stand zu setzen oder zu ersetzen.

Zur Abdeckung des erheblichen Nachholbedarfes ist das gesamte Entwurfsrepertoire zur Führung des Radverkehrs entsprechend dem heutigen Erkenntnisstand und absehbarer Fortschreibungen der technischen und rechtlichen Regelwerke einzusetzen. Es ist eine Dringlichkeitsreihung unter Berücksichtigung der Kriterien Verkehrssicherheit, Bedeutung für den Radverkehr, Planungsvorlauf, Kostenaufwand sowie Zusammenhang mit anderen Planungen aufzustellen. Zur Nachrüstung von Radverkehrsanlagen an Hauptverkehrsstraßen sollen unter Berücksichtigung der jeweiligen verkehrlichen Einsatzbereiche und Flächenansprüche vorrangig Radfahrstreifen oder Schutzstreifen angelegt werden.

Der erhebliche Nachholbedarf kann mittelfristig nur dann nennenswert abgedeckt werden, wenn die rechtlichen und verkehrstechnischen Möglichkeiten zum Einsatz dieser kostengünstigen Lösungen voll ausgeschöpft werden. Dabei sind auch die Knotenpunkte einzubeziehen. Bauliche Radwege sollen vorrangig dort neu angelegt werden, wo ein Neubau oder die Sanierung der Seitenanlagen aus anderen Gründen erforderlich ist.

Bei allen Maßnahmen zum Straßenaus- und -umbau sowie zur Beschleunigung des ÖPNV soll jeweils eine verkehrssichere Radverkehrsführung gewährleistet werden. Die Vorhaben in diesem Bereich sollen dazu genutzt werden, auch für den Radverkehr bessere Bedingungen zu erreichen. Nach Möglichkeit sind flächensparende, z.b. betriebliche, Ansätze der ÖPNV-Beschleunigung zu bevorzugen.

Neben den Hauptverkehrsstraßen ist als weiterer wesentlicher Baustein der Radverkehrsnetzplanung ein sich über das gesamte Stadtgebiet erstreckendes Radroutennetz, das auch über verkehrsarme Straßen verläuft, einzurichten. Es ist mit einer einheitlichen Wegweisung für den Radverkehr zu versehen, die dem heutigen bundesweiten Standard entspricht. Das Radroutennetz besteht aus radial auf die Innenstadt zulaufenden Routen und ringförmigen Tangentialverbindungen, die vorrangig Quellen und Ziele mit gesamtstädtischer Bedeutung anbinden. Die Radroutenplanung ist bei allen Maßnahmen der Verkehrs- und Stadtentwicklungsplanung sowie der Landschafts- und Grünordnungsplanung zu berücksichtigen.

Ein Grundnetz von Radrouten unter Einbeziehung der bereits bestehenden Routenabschnitte wird mit Vorrang in einem mittelfristigen Zeitrahmen umgesetzt. Dazu werden bis 2012 mindestens zwei Stadtteilrouten pro Jahr komplett hergerichtet. Zur Beseitigung von bereits bekannten, leicht behebbaren Mängeln wird ein Sofortmaßnahmenprogramm aufgelegt. Für die Umsetzung hat die Lösung von »Knackpunkten«, an denen die Befahrbarkeit der Routen derzeit nicht oder nur stark eingeschränkt möglich ist, Priorität. Die bestehenden Radroutenabschnitte werden erweitert und durch neue Routen ergänzt, sodass mittelfristig eine Grundstruktur entsteht, die die Gesamtstadt unter Einbeziehung aller Ortsteile abdeckt. Die kontinuierliche Unterhaltung der Routen ist zu sichern.

Die Straßen der Innenstadt sollen für den Radverkehr möglichst flächenhaft und gleichberechtigt mitbenutzbar sein, um grundsätzlich eine Trennung von Rad- und Fußgängerverkehr zu erreichen. Neben der Wiedererrichtung einer attraktiven Cityroute-Süd (abschnittsweise mit Fahrradstraßen) zählt dazu die Einrichtung der Cityroute-Nord mit den dazugehörigen Straßen. Für Fußgängerzonen gelten besondere Regelungen.

Im Nebenstraßennetz soll der Radverkehr sicher auf der Fahrbahn geführt werden und im Rahmen der rechtlichen Möglichkeiten von Restriktionen, die zur Sicherung und Lenkung des Kfz-Verkehrs eingerichtet sind, weitgehend ausgenommen werden. Dazu dienen die Öffnung von Einbahnstraßen, die Durchlässigkeit von Sackgassen und die Herausnahme der Radfahrer bei Abbiegever- und -geboten. Das Straßennetz in Wohngebieten abseits der Hauptverkehrsstraßen ist bereits weitgehend als Tempo-30-Zone ausgewiesen.

Für den Alltags- und Freizeitradverkehr sind bei allen Grünflächenplanungen die Belange des Radverkehrs zu berücksichtigen. Dazu sollen weitere Anbindungen an touristische Radfernwanderwege entwickelt werden. Der bereits eingeschlagene Weg hat sich bewährt und soll konsequent fortgesetzt werden. Die Stadt Karlsruhe treibt zur weiteren Verbesserung für den Freizeitverkehr die Planungen zur Entwicklung eines überregionalen Radverkehrsnetzes voran.

Die Einrichtung von Fahrradabstellanlagen an wichtigen Zielpunkten des Radverkehrs ist verstärkt fortzusetzen. Die konsequente Anwendung der Bauordnung bei allen Neu- und wesentlichen Umbauten wird sichergestellt. Im Stadtzentrum sollte angestrebt werden, im Kontext mit großen Bauvorhaben größere (ggf. auch unterirdische) Fahrradabstellanlagen einzurichten (z.B. im Kontext mit der Kombilösung). Die Verknüpfung mit dem öffentlichen Verkehr (Bike+Ride) soll an allen dafür bedeutsamen ÖPNV-Haltestellen berücksichtigt werden. Anlehnbügel als bewährte Fahrradabstellanlagenform sollten auch außerhalb der Innenstadt im Straßenraum eingesetzt werden.

In bestehenden Wohngebieten ist die Möglichkeit zu schaffen, für alle Anlieger auf Antrag und eigene Kosten Fahrradabstellanlagen im öffentlichen Straßenraum einzurichten. Die oft ungünstige Abstellmöglichkeit des Fahrrades an der Wohnung (Hausflur, Keller) ist als wesentlicher ›Reiseantrittswiderstand‹ belegt. Auf Bauträger ist hinsichtlich diesbezüglicher Aktivitäten verstärkt einzuwirken. Öffentlichkeitsarbeit im Sinne der Information über neue Angebote etc. sowie der offensiven Werbung für eine verstärkte Radnutzung (Verbesserung des Fahrradklimas) sind wesentliche Handlungsfelder der zukünftigen Radverkehrsförderung in Karlsruhe. Es ist belegt, dass Verhaltensänderungen im Verkehr nicht nur durch die Verbesserung der baulich-verkehrlichen Infrastruktur, sondern maßgeblich durch die Veränderung des Denkens (›im Kopf‹) erreicht werden können.

Um den Umstieg auf das Fahrrad zu erleichtern, unterstützt die Stadt die Aktivitäten anderer Handlungsträger für ein möglichst vielfältiges Angebot von Serviceangeboten und Dienstleistungen. Dazu dienen insbesondere Beratung und Information von Interessenten, ggf. aber auch begrenzte finanzielle Unterstützungen. Im eigenen Zuständigkeitsbereich wird die Überprüfung der Angebote und die Weiterentwicklung als ›fahrradfreundlicher Arbeitgeber‹ mit entsprechenden Serviceangeboten angestrebt, um eine Vorbildfunktion für andere Arbeitgeber zu entwickeln. Mit einem entsprechenden Wettbewerb wird das Thema forciert.

Die inzwischen eingerichteten administrativen Strukturen zur Förderung und Berücksichtigung des Radverkehrs in Karlsruhe haben sich grundsätzlich bewährt und sollten erhalten und ausgebaut werden.

Die koordinierende Funktion z.B. der AG-Radverkehr und des Radlerforums zur Entscheidungsvorbereitung für die Ausschüsse des Gemeinderates gilt es zu bewahren und weiterzuentwickeln. Zur effizienten Behandlung häufig wiederkehrender strittiger Themen sollen (ggf. verwaltungsinterne) Workshops mit dem Ziel der Festlegung konsensfähiger Leitlinien durchgeführt werden.

Die ›Empfehlungen für Radverkehrsanlagen ERA 95‹ und deren Nachfolgewerke sollen als verwaltungsintern verbindliche Planungsvorgabe eingeführt werden. Diese Empfehlung wurde durch die Forschungsgesellschaft für Straßen- und Verkehrswesen im Auftrag der Beratungsstelle für Schadensverhütung erstellt und in Abstimmung mit der Arbeitsgruppe Radverkehr des Bund-Länder-Fachausschusses für den Straßenverkehr und die Verkehrspolizei weiterentwickelt. Karlsruhe bietet allen mit Verkehrsplanung und Verkehrsrecht betrauten Mitarbeitern regelmäßige Weiterbildungen zur ERA 95 und seiner Nachfolgewerke an.

Die Stadt Karlsruhe unterstützt die Polizei in ihren Bemühungen, das Problem des Fahrraddiebstahls durch Maßnahmen der Prävention, der Fahrradcodierung und der gezielten Verfolgung zu verringern. Karlsruhe will seine in dieser Hinsicht im Vergleich zu anderen Städten ungünstige Stellung schnellstmöglich verlieren. Dazu sollen neben der besseren Ausstattung mit guten Fahrradständern die erfolgreichen Strategien anderer Städte (z.B. verstärkte Öffentlichkeitsarbeit) auch in Karlsruhe zur Anwendung kommen. Die angebotene Fahrradcodierung hat sich bewährt und sollte weitergeführt werden. Die Polizei wird gebeten, der Fahrrad-Diebstahlaufklärung höhere Priorität beizumessen.

Niemand hat das Recht, eigene Verkehrsverstöße mit dem Fehlverhalten anderer zu entschuldigen. Der öffentliche Verkehrsraum steht allen Verkehrsteilnehmern gleichermaßen zur Benutzung zu. Jeder Verkehrsteilnehmer hat dabei seine spezifischen Rechte und Pflichten, die zu beachten sind. Toleranz und gegenseitige Rücksichtnahme sind oberstes Gebot. Eine konsequente Verfolgung von Rechtsübertretungen wird angestrebt.«[12]

Mit diesem Programm, das Schule machen sollte, schaffte es Karlsruhe, den Radverkehrsanteil im Modal Split von 16 Prozent im Jahr 2002 bis 2012 nicht nur auf die angestrebten 21 Prozent, sondern auf 25 Prozent zu steigern. Zugleich sank der Anteil des MIV von 44 auf 34 Prozent. Karlsruhe war und ist beim Radverkehr Vorreiter im Süden Deutschlands und belegte beim Fahrradklimatest 2018 den ersten Platz im Vergleich der Städte mit 200 000 bis 500 000 Einwohnern. Die Note von 3,1 hatte sich im Vergleich zum Vorjahr jedoch nicht verändert – lediglich waren die Konkurrenten noch schlechter geworden.[13] Am schlechtesten wurde in Karlsruhe die mangelnde Kontrolle von Falschparkern auf Radwegen bewertet, sowie die vielen (unaufgeklärten) Fahrraddiebstähle. Tatsächlich scheint inzwischen sogar auch der Anteil des Radverkehrs am Modal Split wieder von 25 auf 23 Prozent gesunken zu sein, während der MIV von 34 auf 38 Prozent gestiegen ist.[14]

In Karlsruhe zeigt sich ein bundesweiter Trend: Je mehr Menschen Rad fahren, desto höher werden auch die Ansprüche an die Fahrradinfrastruktur. Ein einsamer Fahrradkurier braucht keinen breiten Radweg für verschiedene Geschwindigkeiten, er braucht auch keine Radbügel oder gar ein Parkhaus – ein Baum am Wegesrand reicht. Anders sieht es aus, wenn eintritt, was mit einer Verkehrswende gemeint ist, wenn also Tausende Menschen verschiedener Alters- und Fitnessklassen das Rad für die Alltagsmobilität nutzen. Dann muss Platz geschaffen werden – und den erhält jede Stadt nur durch ein klares Bekenntnis zu weniger Autos. Solange es keine durchgängige Parkraumbewirtschaftung gibt, keine Senkung der erlaubten Maximalgeschwindigkeit und keine Durchgangssperren etwa im Bereich von Fahrradstraßen, werden Städte autodominiert und damit menschenfeindlich bleiben.

## Wien

Österreichs Hauptstadt wurde 2019 zum zehnten Mal in Folge zur weltweit lebenswertesten Stadt erklärt.[16] Bei der Bewertung der Städte gab es 39 Kriterien, darunter die politische Stabilität, die Kriminalitätsrate, Freizeitmöglichkeiten oder die Luftverschmutzung. Und an Letzterer arbeitet Wien gerade auch im Bereich Verkehr – durch Experimente mit neuen Mobilitätskonzepten. Dabei wird Autofahren nicht bestraft, sondern durch attraktivere Angebote geschlagen. Wiener Politiker gingen davon aus, dass es nicht genügt, Autofahren mit Parkplatzverknappung, teuren Parkgebühren oder Tempolimits unattraktiv zu machen, sondern zusätzlich auch attraktivere Alternativen anzubieten und so zu zeigen: Das Auto ist entbehrlich. Ziel der Stadtregierung ist es, Zufußgehen, Radfahren und die Nutzung von öffentlichen Verkehrsmitteln so effizient miteinander zu verknüpfen, dass das Auto überflüssig wird.

In der gesamten Wiener Innenstadt darf nicht länger als zwei Stunden am Stück geparkt werden. Nach Überschreiten der Parkzeit klemmt ziemlich rasch ein Strafzettel hinterm Scheibenwischer. Im Bezirk Neubau gilt seit September 2019 flächendeckend Tempo 30, in sogenannten Begegnungszonen, in denen Fußgänger Vorrang haben, Tempo 20. Geplant ist eine Ausweitung des Konzepts auf andere Stadtteile. Zugleich wurde die Jahreskarte für den öffentlichen Nahverkehr 2012 auf einen Preis von 365 Euro gesenkt. Der Preis wurde seither nicht angehoben, da er für symbolisch für eine Tagesfahrt = ein Euro steht. Züge und Busse fahren trotz des günstigen Preises alle paar Minuten.

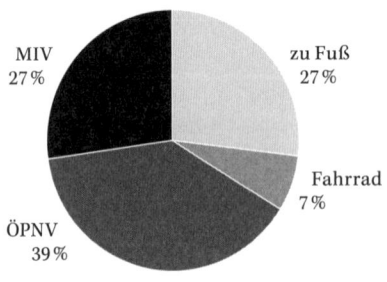

Modal Split Wien 2016[15]

Das Ergebnis ist offensichtlich: Lag der MIV-Anteil 1993 noch bei 40 Prozent, sind es 2018 28 Prozent. Der Anteil des ÖPNV stieg von 20 auf 38 Prozent.[17]

Wenig getan hat sich indes leider beim Radverkehrsanteil, der noch immer um die sieben Prozent herumdümpelt. Die Zielsetzung der Stadt, den Anteil auf zehn Prozent zu steigern, ist aus mehreren Gründen nicht leicht. Zum einen hat der Radverkehr eine große Konkurrenz in Form des gut ausgebauten öffentlichen Verkehrsmittelnetzes. Anders als in den meisten Städten, wo sich Menschen entscheiden müssen, ob sie sich den Stress des Autofahrens antun wollen oder doch lieber frei und selbstbestimmt Rad fahren, haben die Wiener bereits durch die öffentlichen Verkehrsmittel die Möglichkeit, pünktlich, sauber, preiswert und schnell an ihr jeweiliges Ziel zu kommen. In Städten wie Kopenhagen, Amsterdam oder Bremen ist der MIV-Anteil ähnlich hoch wie in Wien – nur dass dort die Alternative Fahrrad lautet. Zudem gibt es nach wie vor große Lücken im Hauptradverkehrsnetz. Wie in der deutschen Hauptstadt verzögern sich auch in Wien Bauvorhaben gern mal ein paar Jahre wegen des Hickhacks um ein paar Parkplätze. Maria Vassilakou, bis 2019 Vizebürgermeisterin und unter anderem für den Radverkehr zuständig, kritisierte die Verzögerungen: »Wir sehen uns derzeit mit einer Situation konfrontiert, in der jeder Radweg zu einem mittleren Weltuntergang führt. In dieser Stimmung den Radverkehr voranzubringen, ist schwierig.«[18]

Aber es ist notwendig: Bis zum Jahr 2050 will Wien die $CO_2$-Emissionen im Verkehr auf null reduzieren. Das wird unter anderem nur mit mehr Fahrrad- und weniger Autoverkehr zu schaffen sein.

# Zürich

Viel getan hat sich in den vergangenen Jahren bereits in Zürich. Mit Zustimmung der Bevölkerung setzte die Stadt konsequent auf den Ausbau öffentlicher Verkehrsmittel und eine Zurückdrängung des Autos. Im Jahr 2000 lag der MIV-Anteil Zürichs noch bei 40 Prozent. 2015 waren es vergleichsweise geringe 25 Prozent. Der Fußverkehr blieb im genannten Zeitraum konstant bei 26 Prozent – zugleich stieg aber die Nutzung der öffentlichen Verkehrsmittel rasant von 30 auf 41 Prozent.[19] Eines der am häufigsten genutzten Verkehrsmittel ist die Tram – was wiederum für Radfahrer gefährlich ist, da deren Schienen sich schnell als Fahrradreifen-Fallen herausstellen. Immerhin wurde 2018 gerichtlich festgestellt, dass die Hauptstadt nicht mehr auf die bislang forcierte Gleichbehandlung des »Langsamverkehrs« zielen darf: Ein Rechtsgutachten Zürichs stellte fest, dass die Anordnung von Rad- und Fußwegen auf Trottoirs nicht zulässig ist.[20] Noch gibt es in Zürich relativ viele Radverkehrsführungen auf dem Hochbord genannten Gehweg – oft in mit dem Fußverkehr gemischter Form oder in gänzlich unklarer Führung. Der Radverkehrsanteil hat sich dennoch zwischen 2000 und 2015 von vier auf acht Prozent verdoppelt. Im Bericht der Stadt von 2018 heißt es beim Thema Verkehrspolitik: »Straßenparkplätze werden tendenziell in öffentlich zugängliche Parkhäuser und Parkierungsanlagen verlagert. (...) Weniger Parkplätze bedeuten weniger MIV und weniger Fläche im privaten und öffentlichen Raum, die für parkierte Fahrzeuge benötigt wird. Somit bleibt mehr Platz für attraktive Nutzungen.«[21]

Aber nicht nur Zürich bewegt sich weg vom Stau. Im November 2017 erarbeiteten die sechs größten Deutschschweizer Städte Basel, Bern, Luzern, St. Gallen, Winterthur und Zürich nach 2012 zum zweiten Mal einen gemeinsamen Bericht »Städtevergleich Mobilität«.[22] In allen beteiligten Städten war im untersuchten Zeitraum die Bevölkerung ebenso wie die Zahl der Beschäftigten gewachsen, sodass auch der Verkehr zunahm. Das bedeutete aber nicht ein Mehr oder Meer an Autos: Stattdessen wuchsen abgesehen von St. Gallen primär der öffentliche Verkehr und der Radverkehr. Zugleich hat in allen sechs Städten die Zahl der verunfallten Personen mit Verletzungsfolge gemessen an der Einwohnerzahl deutlich abgenommen.

In den drei Großstädten Basel, Bern und Zürich ist der Anteil des öffentlichen Verkehrs und des Fuß- und Radverkehrs am Gesamtverkehr der städtischen Bevölkerung mit 77 Prozent überdurchschnittlich hoch. Zudem besitzt in Basel und Zürich nur jede dritte Person ein Auto, schweizweit ist es im Durchschnitt jede zweite Person. Insgesamt sind die Nutzerzahlen, die Pünktlichkeit und die Qualität des öffentlichen Verkehrs in der Schweiz wesentlich höher als in Deutschland. Wer etwa von Zürich nach Bern möchte, würde nie auf die Idee kommen, mit dem Auto zu fahren, weil die Bahn schneller und pünktlich ist, man nicht im Stau steht. Denn auch Schweizer sind nur Menschen und als solche Pragmatisten: Da die Qualität des Produktes öffentlicher Verkehr höher ist als die des Autos, wählen sie das höherwertige Produkt.[23] Und mit dem sind sie Deutschland weit voraus. Vergleicht man das Angebot zwischen der Bundesrepublik und der Schweiz, liest sich das Ergebnis so: Im ländlichen Raum in der Schweiz ist die Angebotsdichte (Zahl der Haltestellen multipliziert mit der Taktfrequenz der Fahrten) sechsmal höher als in Deutschland. Im urbanen Raum ist das Schweizer Angebot viermal größer als in Deutschland.

# Die Zivilgesellschaft

Die Städte sind verstaut und zugeparkt mit Blechmulis. Die Politik lässt Worten oft Worte folgen. Der Einzelne kann daran kaum etwas verändern, da Verkehr eine von der Allgemeinheit geschaffene Infrastruktur voraussetzt. Niemand kann sich einfach so seinen eigenen Radweg oder eine S-Bahn bauen. Aber gar nichts machen ist auch zu wenig. Und zusammen ist man weniger allein. Deshalb haben sich diverse Graswurzelbewegungen entwickelt, die zumindest Zeichen setzen können für den Wunsch nach einer Verkehrswende.

## Vom Parking Day zum Parklet

Dazu gehört der PARK(ing) Day, ein seit 2005 jährlich im September stattfindender, internationaler Aktionstag zur Re-Urbanisierung von Innenstädten. Immer mehr Aktive in deutschen, österreichischen und Schweizer Städten beteiligen sich daran. Grundgedanke der Aktiven ist: »Es braucht bessere Luft, weniger Verkehr, lebenswerte Strassenräume für Menschen. Eine Stadt, in der es sich gut zu Fuss gehen und mit dem Velo fahren lässt. Ein Stadtbild, das nicht von Blechlawinen, sondern von buntem Leben geprägt ist. Eine Stadt, die so direkt auch etwas für den Umwelt- und Klimaschutz tut.«[1]

Erdacht wurde der PARK(ing) Day im Jahr 2005 in San Francisco von einem Kunst- und Design-Kollektiv. Die Idee war, auf der Fläche eines markierten Parkplatzes temporär einen öffentlich zugänglichen Ort zu schaffen. Was auf den Parkflächen gestaltet wird, liegt im Ermessen der Teilnehmer. Oft werden Sofas oder Bänke aufgestellt, mit Blumen oder kleinen Topfbäumen eine lebendige Umgebung geschaffen. Egal was aufgebaut wird – es muss auch schnell und einfach wieder abgebaut werden können, schließlich läuft die Aktion immer nur an einem Tag.

Wer Lust hat, zum Beispiel mit Freunden, der Familie oder Schulklasse einen Parkplatz vorübergehend in einen Park zu verwandeln, braucht zumindest bei öffentlichen Parkplätzen eine Genehmigung, da laut Gesetz dieser Teil des öffentlichen Raumes ohne Sondergenehmigung nicht von Menschen genutzt werden kann, sondern nur Autos zur Verfügung steht. Selbst ein Parkticket zu lösen, reicht nicht, um auf einem Parkplatz sitzen und sich unterhalten zu dürfen. Die Schweizer Gruppe Umverkehr schreibt dazu. »Ein Wandel in der Gesellschaft ist oft mit ›zivilem Ungehorsam‹ verbunden. Wir meinen damit nicht, auf Biegen und Brechen an einem PP festzuhalten. Ihn aber ohne Bewilligung kurzfristig zu besetzen und bei einer Polizei-Präsenz wieder zu verlassen wurde in der Vergangenheit mehrfach erfolgreich praktiziert.«[2] Nur für Menschen, die vorhaben, mehrere Stunden oder gar den ganzen Tag auf einem umdekorierten Parkplatz zu verweilen, ist eine Genehmigung auf jeden Fall vorteilhaft. Beispiele, was alles auf einem solchen Platz gestaltet werden kann, gibt es viele – angefangen von der Lese- oder Spieleecke, über Konzerte oder einen Radreparaturstand, bis hin zu einem Philosophier-Treffpunkt oder einer Glaskugel-Leserin.[3]

Der PARK(ing) Day ermöglicht zumindest im Kleinen, eine Ahnung davon zu gewinnen und zu vermitteln, wie eine von der Herrschaft des Autos befreite, menschenfreundliche Stadt aussehen könnte.

## Von Critical bis Kidical Mass

Als Critical Mass wird eine Art unorganisierte Fahrradtour bezeichnet, bei der jeden Monat je nach Stadt zwischen ein paar Dutzend und einigen tausend Teilnehmer mitfahren. Das Faust-Fahrradschild auf dem Buchcover ist ein Symbol der Aktionsform, deren Teilnehmer es in verschiedenen Varianten verwenden. Die erste Critical Mass fand im September 1992 in San Francisco statt. Hintergrund war der Wunsch nach mehr Platz für Radfahrer in einer autogerechten Stadt. Im Laufe der Jahre breitete sich die Idee über die halbe Welt aus. Auch in allen größeren Städten Deutschlands, Österreichs und der Schweiz gibt es inzwischen diese Radfahrertreffen, meistens am letzten Freitag jeden Monats. Eine Critical Mass ist keine Demonstration, sie hat keinen Verantwortlichen, wird nicht bei der Polizei angemeldet und entsteht, wenn ein Aktivist sich einen Ort und einen Zeitpunkt überlegt und zu einer gemeinsamen Fahrt zum Beispiel via Internet oder Mundpropaganda aufruft. Wohin die Fahrt dann geht, entscheidet der jeweils vorn Fahrende. Ein Ziel ist nie im vorneherein vorgegeben, die Route entwickelt sich jedes Mal neu.

Der Begriff Critical Mass stammt aus dem Dokumentarfilm *Return of the Scorcher* (1992) von Ted White. Dort wird von der Radkultur Chinas und der Niederland erzählt. Der Film zeigt Moped- und Fahrradfahrer in China, die Kreuzungen ohne Ampeln überqueren: Der Verkehr staut sich so lange an diesen Kreuzungen, bis eine kritische Masse erreicht ist, die über die Kreuzung drängt und so den sich kreuzenden Verkehr zum Anhalten zwingt.[4]

Auch bei den heutigen Critical Mass-Veranstaltungen, werden die Radfahrerzüge nicht durch Ampelzeichen gestoppt. Dieses widerspricht auch nicht der StVO. Denn dort ist die Bildung eines sogenannten Fahrradverbandes ab 16 Radfahrern in § 27

StVO erlaubt. Die Critical Mass nutzt diesen Umstand und fährt dann eben auch mal mit deutlich mehr als 16 Teilnehmern durch die Stadt. Da sich die Critical Mass als Fahrradverband wie ein einziges langes Fahrzeug verhält, darf eine Kreuzung von allen Teilnehmern am Stück überquert werden, sofern der erste Radfahrer die Haltlinie bei grünem Licht überquert hat.[5]

Die Critical Mass-Bewegung erfreut sich seit Jahren erheblich steigender Teilnehmerzahlen – und weist jeden Monat aufs Neue darauf hin, dass Radfahrer gleichberechtigte Verkehrsteilnehmer sein sollten. Denn während Autofahrer, Fußgänger und U-Bahnnutzer sich im Verkehrsalltag selbstverständlich mit den Mitreisenden des gleichen Verkehrsmittels unterhalten dürfen, werden Radfahrer wahlweise auf schmale Radwege verbannt, die sogar ein Überholen oftmals ausschließen, oder werden auf der Fahrbahn von drängelnden Autofahrern in die Hintereinander-Spur gehupt. Auf der Critical Mass kann jeder Radfahrer erleben, wie entspannt und sicher das Vorankommen auf dem Rad auch im Alltag sein könnte.

Noch weiter vor traut sich die Kidical Mass. Sie wurde erstmals 2008 im US-amerikanischen Eugene (Oregon) veranstaltet und hat sich seither wie ihr großer Bruder weit verbreitet.[6] Diese Art Critical Mass für Kinder fordert, dass auch Kinder wieder ein Recht auf Nutzung des Straßenraumes bekommen. Das Motto ist: »Kids are traffic too« (Kinder sind auch Verkehr).

Vor dem Start der Fahrt, ist ein gemeinsames Picknick fester Bestandteil einer Kidical Mass. Die anschließende Tour folgt in der Regel entlang einer festgelegten Route und findet eher auf ruhigen Nebenstraßen als in Bereichen mit hohem Verkehrsaufkommen statt. Ursprünglich ist die Kidical Mass wie auch die Critical Mass nicht als angemeldete Demonstration gedacht, sondern als lockere, gemeinsame Ausfahrt mit Kindern im normalen Straßennetz. Doch das ist in Deutschland nicht möglich, da Kinder bis zum achten Geburtstag mit dem Fahrrad nur Gehwege und Radwege benutzen dürfen. Hierzulande dürften Kinder unter acht Jahren also nicht an einer Kidical Mass teilnehmen – es sei denn, sie führte über Gehwege, was weder den Kindern noch den Fußgängern Spaß bringen dürfte. Da Kinder nicht von einer Ausfahrt für Kinder ausgeschlossen werden sollten, finden die Kidical Mass-Veranstaltungen meist als angemeldete Demonstrationen statt und werden von der Polizei begleitet. Die Kinder sind somit sicher unterwegs, und die Routen können gut sichtbar auch auf Hauptverkehrsstraßen verlaufen.[7] Und die Touren können einen Eindruck davon geben, wie viele kleine Menschen täglich aufgrund der Autogefahr vom städtischen Alltag ausgeschlossen werden und sich der ständigen, sichernden Überwachung von Erwachsenen unterstellen müssen.

## Radentscheide

Bürgerbegehren und Bürgerentscheid – was ist das? Die Schweiz kennt Volksabstimmungen auf Bundesebene; Deutschland immerhin Volks- und Bürgerbegehren auf Landes- und Kommunalebene.

Die erste Stufe der direkten Demokratie in Deutschland ist das Bürgerbegehren. Es entspricht einem Antrag auf die Durchführung eines Bürgerentscheids. Bei einem Bürgerbegehren werden Unterschriften zu einer Vorlage gesammelt; die Unterschreibenden können sich jeweils mit »Ja« für oder mit »Nein« gegen den Vorschlag aussprechen. Beim Bürgerbegehren kommt es natürlich darauf an, möglichst viele unterstützende Stimmen zu sammeln. Die gestellte Frage des Bürgerbegehrens muss in den Zuständigkeitsbereich der Gemeindevertretung fallen (Autobahnen stünden hier beispielsweise nicht zu Debatte). Je nach Bundesland müssen verschieden hohe Unterschriftenquoren erreicht werden (in Bremen zum Beispiel fünf Prozent, in Brandenburg zehn Prozent).

Ist ein Bürgerbegehren erfolgreich, kann es zum Bürgerentscheid kommen. Dieser ist verbindlich und entspricht einem Beschluss des Gemeinde- oder Stadtrats. Sollten diese vorher schon einmal andere Beschlüsse zum selben Thema verfasst haben, ersetzt das Ergebnis des Bürgerentscheids diese. Auch Bürgerentscheide bedürfen je nach Bundesland verschieden hoher Zustimmungsquoren zwischen 20 und 30 Prozent.[8] Oftmals wollen regierende Politiker einen solchen bindenden Bürgerentscheid verhindern und beginnen deshalb kurz nach einem erfolgreichen Bürgerbegehren, mit dessen Repräsentanten zu verhandeln.

Beim Versuch etwas zu finden, dass mehr als ein einzelnes Zeichen setzt und der Politik mehr als nur gute Worte für den Radverkehr abverlangt, entwickelte der Berliner Verkehrsaktivist Heinrich Strößenreuther die Idee zum Volksentscheid Fahrrad. Die von ihm ins Leben gerufene Initiative Volksentscheid Fahrrad Berlin ging im Dezember 2015 erstmals in die Öffentlichkeit und kettete ein goldenes Fahrrad mit den zehn Zielen für ein Radgesetz vor dem Roten Rathaus an. Nach nur dreieinhalb Wochen Sammelphase übergaben die Aktivisten am 14. Juni 2016 105 425 Unterschriften für den Antrag auf ein Volksbegehren an das Berliner Abgeordnetenhaus.

Daraufhin wurde der Radverkehr erstmals eines der wichtigsten Themen im Berliner Wahlkampf im September 2016. Die amtierende rot-schwarze Regierungskoalition Berlins verfehlte die absolute Mehrheit. SPD, Linke und Grüne nahmen Koalitionsverhandlungen auf, übernahmen die Ziele und Forderungen des Radentscheids und beschlossen, innerhalb der kommenden Legislatur ein Mobilitätsgesetz zu verabschieden, das außer dem Rad- auch den Fußverkehr und den ÖPNV regeln und systematisch verbessern solle. Am 28. Juni 2018 wurde mit Mehrheit der Regierungskoalition das Gesetz zur Neurege-lung gesetzlicher Vorschriften zur Mobilitätsgewährleistung (MobG) vom Berliner Abgeordnetenhaus beschlossen. Die Ziele des Volksentscheids sind seither im Gesetz verankert, weshalb das Volksbegehren Fahrrad, das für die Zeit der Verhandlungen ausgesetzt und wiederholt verlängert wurde, öffentlich beendet wurde.[9]

Der Volksentscheid Fahrrad gewann diverse Preise, darunter den Deutschen Fahrradpreis 2018 und den Eurobike Award 2016. In der Begründung hieß es: »Der Volksentscheid Fahrrad in Ber-lin ist weltweit einzigartig, denn erstmals zwingen Bürger die Politik, massiv in die Radinfrastruktur zu investieren.«[10]

Der Volksentscheid zwang zwar die Politik, sich auf Ziele festzulegen und sie in Gesetzesform zu gießen. Auf den Straßen der Hauptstadt hat sich seither jedoch wenig getan. Deshalb wird gefordert:

»Der Radentscheid, der im November 2015 mit zehn Zielen gestar-tet war, hat in über zweieinhalb Jahren mit 40 000 Stunden ehren-amtlicher Arbeit ein beispielgebendes Gesetz erkämpft, das den Vorrang für den gesamten Umweltverbund in Berlin dauerhaft sichert. Für die vielen Engagierten fängt nun eine neue Phase an: Die Umsetzung des Gesetzes muss weiter vorangetrieben werden und dazu wird weiterhin die kritische Zivilgesellschaft benötigt.«[11]

Doch die Verkehrswende in Berlin kommt nicht voran: »In ihren Antworten auf eine umfangreiche Anfrageserie von Sven Kohl-meier (SPD) bestätigt die Senatsverwaltung für Umwelt, Verkehr und Klimaschutz, dass die Umsetzung des Mobilitätsgesetzes stockt.«[12] Auch ein Jahr nach Inkrafttreten des Mobilitätsgeset-zes geht der Ausbau der Radverkehrsinfrastruktur nicht voran. Im Bezirk Lichtenberg zum Beispiel wird das Gesetz sogar offen missachtet, die Senatsplanung von geschützten Radverkehrsanlagen beim Umbau einer Straße torpediert, obwohl das Mobilitätsgesetz den Vorrang für Fuß-, Rad- und öffentlichen Verkehr vorschreibt.

Die Probleme sind tief in der Berliner Verwaltung verwurzelt: Das Bezirksamt Steglitz-Zehlendorf stellte zum Beispiel auf Anfrage fest, ihm sei »nicht bekannt, wie es möglich sein soll, einen Bedarf an Abstellanlagen für Fahrräder zu ermitteln«. Die Bezirke der Hauptstadt sind mit der Umsetzung der gesetzlich vorgeschriebenen Infrastruktur also vollkommen überfordert. Die Verwaltung bekam vom Senat nur das Mobilitätsgesetz vorgelegt, jedoch keine Leitlinien zur Umsetzung an die Hand oder Möglichkeiten, interne Prozesse zu optimieren und einheitliche Erfassungs- und Bewertungsverfahren zu begründen. Kanäle für den regelmäßigen Erfahrungsaustausch zwischen Land und Bezirken gibt es nicht.

Das Ergebnis des Volksentscheids Fahrrad in Berlin ist deshalb zweischneidig. Erreicht wurde, das Thema Verkehrspolitik in die vordersten Reihen der Aufmerksamkeit zu katapultieren und zudem eindeutig sichtbar zu machen, dass ein großer Teil der Hauptstadtbewohner sich eine Abkehr vom Autozentrismus wünscht. Auf der anderen Seite ist nach Verabschiedung des Mobilitätsgesetzes der öffentliche Eindruck entstanden, es bewege sich doch viel für den Radverkehr. Jede weitere Demonstration oder sonstige Aktion fällt dann in der öffentlichen Wahrnehmung gern in die Kategorie des »was wollen die denn noch alles?!«. Doch leider ist ein Gesetz nur dann ein effektiver Schritt, wenn es auch angewandt wird. Die Geschichte des Berliner Volksentscheids Fahrrad ist deshalb noch lange nicht abgeschlossen. Es bleibt abzuwarten, wann sich die Berliner Politik und Verwaltung entschließt, ihre Politik der Gesetzeslage anzupassen.

Das Modell Volksentscheid Fahrrad selbst hat sich dennoch zum Erfolgsmodell entwickelt, das Vorbild geworden ist. Im Juni

2018 etwa bildete sich mit der Volksinitiative Aufbruch Fahrrad
NRW der erste ein Flächenbundesland betreffende Aktionsbund.
Dessen Hauptziel ist die Erreichung von 25 Prozent Radver-
kehrsanteil in Nordrhein-Westfalen bis zum Jahr 2025.

Die Volksinitiative hat dazu neun Maßnahmen zur Förderung der Fahrradmobilität formuliert, die exemplarisch für andere Radentscheide gelten können:

>1. Mehr Verkehrssicherheit auf Straßen und Radwegen

2. NRW wirbt für mehr Radverkehr

3. 1000 Kilometer Radschnellwege für den Pendelverkehr

4. 300 Kilometer überregionale Radwege pro Jahr

5. Fahrradstraßen und Radinfrastruktur in den Kommunen

6. Mehr Fahrrad-Expertise in Ministerien und Behörden

7. Kostenlose Mitnahme im Nahverkehr

8. Fahrradparken und E-Bike Stationen

9. Förderung von Lastenrädern«[13]

Der erste erfolgreiche Radentscheid Deutschlands fand indes
in Bamberg statt. Die Initiative Radentscheid Bamberg war im
Frühjahr 2016 mit zehn Zielen für eine verbesserte Fahrradinfrastruktur ihrer Stadt an die Öffentlichkeit getreten, die sich
an die Ziele des Volksentscheids Fahrrad in Berlin anlehnten.
Dazu gehörten sichere Schulwegrouten, 5000 Fahrradstellplätze
bis 2025, Radschnellwege für Pendler und eine »Grüne Welle«
für den Umweltverbund. Im Sommer 2017 präsentierten Bamberger Aktivisten dem Oberbürgermeister 8700 Unterschriften.
Das Quorum des Bürgerbegehrens Radentscheid Bamberg war
somit durch das Engagement einiger weniger Ehrenamtlicher
innerhalb von nur drei Monaten erfüllt worden. Der Bamberger Stadtrat befand das Bürgerbegehren für zulässig, Stadtver-
waltung und Aktive trafen sich zu Gesprächen. Die gemeinsam
herausgearbeiteten Umsetzungsmöglichkeiten verwässerte der

Oberbürgermeister jedoch vor seiner Zustimmung stark, sodass das Bündnis für den Volksentscheid einen neuen Vorschlag erarbeitete und einreichte. Der Oberbürgermeister wollte den Forderungen nicht zustimmen, die Aktiven ihre Forderung nach mehr Platz auf den Straßen nicht aufgeben. Somit wurde ein Termin für einen Bürgerentscheid festgelegt, um die Bevölkerung entscheiden zu lassen.

Kurz vor diesem Tag der Entscheidung lenkte der Oberbürgermeister doch noch ein. Am 31. Januar 2018 nahm der Bamberger Stadtrat so die sieben zulässigen Ziele der Initiative Radentscheid Bamberg an und verabschiedete ein zusätzliches Maßnahmenpaket für bessere Radverkehrsinfrastruktur.[14]

Ebenfalls erfolgreich waren die Münchener. Der Münchener Stadtrat beschloss am 24. Juli 2019, die Forderungen der beiden Bürgerbegehren zum Altstadt-Radlring und zum Radentscheid München vollumfänglich umzusetzen. 160 000 Unterschriften für eine bessere Radverkehrsinfrastruktur hatten die Münchener Aktivisten gesammelt.[15]

Weitere Initiativen für Radentscheide laufen unter anderem in Hamburg, Frankfurt, Stuttgart, Rostock, Aachen, Bielefeld, Bremen, Kassel und Regensburg.

# Die Umstände

Angenommen, Zivilgesellschaft, Politik und Verwaltung sind alle eins in ihrer Begeisterung für das Rad. Die Infrastruktur wäre blendend, die Verknüpfung mit öffentlichen Verkehrsmitteln ein Traum. Gibt es dann nicht immer noch äußere Umstände, die Radfahren schlicht verhindern?

## Das Wetter

Wer Rad statt Auto predigt, darf auch Regen und Hagel nicht vergessen. Was also tun im Winter, wenn alle hinter ihren beheizten Öfen hocken, selbst die städtischen Gehwege oft verlassen daliegen und sich menschliches Leben nur noch drinnen abzuspielen scheint? Anders formuliert – sind autofreie Innenstädte nicht nur ein Sommermärchen?

Das sind sie nicht. Und das hat zwei Ursachen. Zum einen gibt es inzwischen sehr gute Ausstattung für Fahrradfahrer. Die bekannten bunten Überlebensjacken aus den Outdoor-Geschäften eignen sich nämlich nicht nur für den Gang von der Haustür bis zum Auto – man kann mit ihnen auch tatsächlich draußen sein. Zudem hat auch das Thema Spezialbekleidung für Radfahrer in den vergangenen Jahren erhebliche Fortschritte gemacht. Es gibt inzwischen beheizbare Sohlen und Handschuhe, Hosen, die wärmen und trotzdem noch wie normale Jeans aussehen, Jacken, die wie ein herkömmlicher Blazer wirken, aber integrierte Leuchtstreifen und Vorrichtungen für ein Extrafutter haben.

Anders als beim Sitzen im sich langsam aufwärmenden Auto muss beim Radfahren also niemand mehr frieren, zumal die Bewegung an sich wärmt.

Zum anderen ist Radfahren auch im Winter nicht gefährlich. So gilt zum einen die Räumpflicht der Kommunen nicht nur für Fahrbahnen, sondern auch für Radwege. Immer vorausgesetzt, dieser wird auch nachgegangen, sind die Wege also ohnehin frei. Anders als Autos kommen Räder aber auch bei Schnee und Eis recht gut voran, schließlich gibt es Spikereifen, die über kleine Nägel im Mantel verfügen und für festen Halt beim Fahren sorgen. Die Chance, auszurutschen und zu stürzen, ist für den Radfahrer also nicht größer als für einen Autofahrer. Einziger Unterschied: Ein schlingernder Radfahrer gefährdet meist nur sich selbst, ein Autofahrer gefährdet schneller auch die Gesundheit und Leben anderer Menschen. Gefährlicher ist in jedem Falle also das Autofahren im Winter.

Und zu guter Letzt: Die Paradestädte des Radverkehrs, Amsterdam und Kopenhagen, haben es auch nicht wärmer und trockener als die deutschen Städte, und die Radfahrer dort sind auch Menschen.

## Die Zeit

Vielleicht regnet und hagelt es nicht täglich – aber wer hat schon die Zeit, ein Verkehrsmittel wie das Rad zu wählen? Fast jeder, denn es ist schnell und spart sogar insgesamt erheblich Zeit. Allerdings muss man das selbst erst mal ausprobieren.

In einer Befragung von Studierenden und Mitarbeitenden der Pennsylvania State University zur Verkehrsmittelwahl waren die wenigsten in der Lage, die Reisezeit der von ihnen nicht genutzten Verkehrsmittel richtig zu schätzen. Die überwältigende Mehrheit der Befragten überschätzte die Zeit zum Gehen und Radfahren zum Campus; etwa 90 Prozent der Schätzungen waren um mindestens zehn Minuten zu lang. Die wenigen Schätzungen, die korrekt waren, wurden fast ausschließlich von ÖPNV-Nutzern und zu Fuß Gehenden abgegeben.[1]

Wegevergleich von Tür zu Tür im Stadtverkehr:[2]

| km | zu Fuß | Rad | Pedelec | ÖPNV | Pkw |
|---|---|---|---|---|---|
| V Ø | 4 km/h | 15,3 km/h | 18,5 km/h | 20 km/h | 24,1 km/h |
| 0 | 0,00 Min. | 4,00 Min. | 4,00 Min. | 13,00 Min. | 11,00 Min. |
| 1 | 15,00 Min. | 7,92 Min. | 7,24 Min. | 16,00 Min. | 13,49 Min. |
| 2 | 30,00 Min. | 11,84 Min. | 10,48 Min. | 19,00 Min. | 15,98 Min. |
| 3 | 45,00 Min. | 15,76 Min. | 13,72 Min. | 22,00 Min. | 18,47 Min. |
| 4 | 60,00 Min. | 19,68 Min. | 16,96 Min. | 25,00 Min. | 20,96 Min. |
| 5 | 75,00 Min. | 23,60 Min. | 20,20 Min. | 28,00 Min. | 23,45 Min. |
| 6 | 90,00 Min. | 27,52 Min. | 23,44 Min. | 31,00 Min. | 25,94 Min. |
| 7 | 105,00 Min. | 31,44 Min. | 26,68 Min. | 34,00 Min. | 28,43 Min. |
| 8 | | 35,36 Min. | 29,92 Min. | 37,00 Min. | 30,92 Min. |
| 9 | | 39,28 Min. | 33,16 Min. | 40,00 Min. | 33,41 Min. |
| 10 | | 43,20 Min. | 36.40 Min. | 43,00 Min. | 35,90 Min |

In Wirklichkeit ist das Fahrradfahren oft also schneller, als es durch die Windschutzscheibe erscheint. Die Reisezeit setzt sich aus Zu- und Abgangszeit, Fahrzeit sowie verkehrsmittelspezifisch aus Wartezeit, Umstiegszeit, Parkplatzsuchzeit etc. zusammen. Das Amt nahm hierbei einen Durchschnitt der Reisegeschwindigkeiten in deutschen Städten als Grundlage – je nach Ortschaft können diese stark differenzieren, da es kleine, wenig vom Autoverkehr belastete Städte gibt, in denen der MIV schneller vorankommt als etwa in Großstädten mit ihren Staus, Ampeln und beschränkten Parkmöglichkeiten. Ein vom Umweltbundesamt beispielhaft für den Stadtverkehr erarbeiteter Wegevergleich zeigt, dass das Fahrrad bei Entfernungen bis einschließlich fünf Kilometer das schnellste Verkehrsmittel im Stadtverkehr ist, da es kaum Zeit benötigt, einen Parkplatz zu finden, und selbiger sich noch meist unmittelbar neben dem

Zielort befindet. Das Pedelec, mit dem man leichter höhere Durchschnittsgeschwindigkeiten fahren kann, ist sogar auf bis zu zehn Kilometer langen Wegen mit dem Pkw konkurrenzfähig – und bleibt auf Entfernungen bis 20 Kilometer nur marginal hinter dem Auto zurück.[3]

Daneben spart Radfahren auch noch Zeit im Fitnessstudio – denn wer sein Training in den Alltag integriert, braucht keine Extraminuten mehr dafür aufzuwenden. Und schließlich spart es auch noch Zeit, die die meisten gern missen: krank im Bett verbrachte. Mindestens 150 Minuten pro Woche körperlich aktiv zu sein, empfiehlt die World Health Organization (WHO). Am besten ist, sich regelmäßig und moderat in Blöcken von mindestens zehn Minuten zu bewegen. Folge ist unter anderem eine Senkung des Sterberisikos, ein niedrigeres Risiko von Herz-Kreislauf-Erkrankungen sowie Diabetes, die Vorbeugung von Rückenschmerzen und eine bessere psychische Verfassung, besseres Befinden und so weiter. Für Bürositzer bietet sich deshalb besonders an, sich auf dem Weg von und zur Arbeit zu bewegen. Eine Studie zu Gesundheit und Verkehrsmittelwahl zeigte, dass Menschen, die ihren Arbeitsweg ganzjährig zu Fuß oder mit dem Fahrrad erledigen, im Durchschnitt ein Drittel weniger Krankheitstage vorweisen als andere Verkehrsteilnehmer. Zudem haben sie einen niedrigeren BMI-Wert, ein höheres Wohlbefinden und ein deutlich geringeres Risiko, länger zu erkranken.[4]

Aber was ist mit der Bequemlichkeit, mögen viele sich denken. Nun, die harten Fakten von Kosten über Geschwindigkeit bis hin zur Gesundheit sprechen alle für das Fahrrad. Interessant ist ein weicher Fakt – die Psychologie. Der Mensch an sich, heißt es, würde sich sein Leben gern möglichst bequem einrichten, also jede Anstrengung und Mühe vermeiden. Das läge an der Evolution, in der schließlich über Jahrtausende mit harter Arbeit und Anstrengung Nahrung erworben werden musste – jede Chance zur Pause also willkommen war. Heute ist der Arbeitsplatz zwar oft ein Computer in einem klimatisierten Büro und nicht mehr die Büffeljagd in der unwegsamen Prärie. Das energetische Sparflammenprogramm habe sich aber nicht geändert, was zum Siegeszug des Autos beitrug. Hier wird der Mensch nachhaltig von Sonne, Regen und Körperbewegung getrennt.

Aber will der Mensch denn wirklich nur bequem sein? 2018 kamen allein in Deutschland 785 000 Babys zur Welt – und es gibt wohl kaum etwas Unbequemeres als eine Geburt. Im September 2019 kamen 44 065 Menschen im Ziel des Berliner Marathons an. Bequem war deren 42 Kilometer langer Lauf durch den Regen nicht. Es gibt über eine Million Kleingärtner in Deutschland, die Beete umgraben und auf der Leiter balancierend Äpfel ernten. Unter anderem, weil ein selbst geernteter Apfel besser schmeckt als der bequem vom Supermarktregal genommene. Genauso wie es stolz macht, durch das Brandenburger Tor zu laufen und von Tausenden Zuschauern bejubelt zu werden. Und es ein Leben verändert, einen Menschen zur Welt gebracht zu haben.

»Ehre und Bequemlichkeit sind selten Schlafkameraden«, sagt ein altes Sprichwort. Das Fahrrad mutet Menschen die Anstrengung zu, sich zu bewegen, die Umwelt inklusive Sturmböen wahrzunehmen, lebendig zu sein. Und genau das ist attraktiv und tut gut. Und zudem gibt es die vielen bequemen Fahrradfahrten – bei Sonnenschein und sanftem Wind, oder auch zeitsparend am Stau vorbei.

# Autofreie Ortschaften

## Internationale Vorbilder

Schon heute beziehungsweise noch heute gibt es weltweit Orte, an denen ohne Privatautos gelebt wird. Die wohl größte autofreie Zone der Welt ist das marokkanische Fes el Bali, wo knapp 160 000 Menschen wohnen. Seit 1981 ist Fes el Bali Weltkulturerbe der Unesco. Viele Straßen der Stadt sind zumindest für Autos auch praktisch unbefahrbar: Der Stadtteil ist hügelig, und die Wege zwischen den mittelalterlichen Gebäuden sind verschachtelt und teilweise sehr eng. Als Verkehrsmittel dienen hier Packesel und die eigenen Füße.[1] Was praktisch auch für Touristen ist – muss hier im Gegensatz etwa zu anderen (arabischen) Altstädten niemand ständig Angst haben, von einem knatternden Motorrad überfahren zu werden.

In unserer räumlichen und kulturellen Nähe befindet sich das niederländische Houten – und ist ebenso fast autofrei. In dem Ort bei Utrecht leben 50 000 Menschen und zeigen, dass sich auch in mitteleuropäischem Klima ganzjährig alltagstauglich mit dem Fahrrad leben lässt. Die ganze in den 70er Jahren erbaute Stadt ist auf das Rad ausgerichtet, das Zentrum komplett autofrei. »Wir wollten alles anders machen. Wir fingen also nicht mit dem Auto an, was in der Stadtplanung damals üblich war, sondern wir planten zuerst die anderen Bereiche ein. Die Grünflächen, das Laufen, Radfahren, das soziale Leben.«[2] Kfz- und Radverkehr sind in Houten meist voneinander getrennt. Wo sie doch aufeinandertreffen, hat das Rad Vorrang: Autos müssen sich dem Tempo des Fahrrads anpassen. Und das Konzept scheint erfolgreich zu sein, denn es gibt eine sehr bemerkenswerte Tatsache: In den vergangenen 40 Jahren gab es in Houten keinen einzigen tödlichen Fahrradunfall!

Das benachbarte Utrecht zeigt übrigens, dass auch der Umbau von einer autogerechten in eine menschenfreundliche Stadt gelingen kann. Hier zerschnitt im vergangenen Jahrhundert noch eine Schnellstraße die Stadt, heute verläuft dort ein Kanal mit vielen Bäumen. Ein Großteil des Utrechter Zentrums ist autofrei, der Anteil des Radverkehrs beträgt 40 Prozent.

Auch das zur europäischen Umwelthauptstadt 2019 ernannte Oslo hat den Kfz-Verkehr erheblich eingedämmt.[3] Früher war das Hafenviertel der 700 000-Einwohner-Stadt gekennzeichnet durch eine riesige Kreuzung, Lärm und Abgase. Heute wird der Kfz-Verkehr durch einen Unterwassertunnel, den Oslofjordtunnel, umgeleitet. Es summen Elektro- oder Hybridfahrzeuge herum.[4] »Durch die Initiative Bilfritt byliv (Autofreies Stadtleben) hat die Stadt Oslo Parkplätze entfernt und den Verkehr eingeschränkt, damit es mehr Platz gibt für Fahrräder, Bänke, grüne Lungen, Straßenfeste und andere Dinge, die die Leute fröhlicher und die Luft sauberer machen«, heißt es auf der Website von »Visit Oslo«.[5] »Ehemals für Autos bestimmte Bereiche wurden auf neue und originelle Arten umgestaltet. Wenn Sie z.B. an der Festung Akershus entlang gehen, werden Sie ein sonderbares Gerät sehen (und hören). Das ist ein alter Parkscheinautomat, der zu einem WIFI-Lautsprecher umgebaut wurde, so dass Sie Ihre eigene Musik spielen und dort, wo früher einmal Parkplätze waren, tanzen können.«[6] Ganz autofrei, wie zunächst geplant, ist Oslos Innenstadt noch nicht – aber immerhin müssen Autofahrer inzwischen eine Maut bezahlen, um das Zentrum mit Abgasen und Lärm belasten zu dürfen.

In anderen europäischen Hauptstädten gibt es Bewegung. Die Pariser Champs-Élysées ist immerhin einen Sonntag im Monat autofrei, in Brüssel wurde der breite Boulevard Anspach zur Fußgängerzone umgewandelt,[7] und das Zentrum des spanischen Pontevedra lässt seit 20 Jahren überhaupt nur noch Einsatzfahrzeuge und Anwohner in sein Zentrum fahren. Es gibt keine Fahrbahnmarkierungen, Verkehrszeichen und Ampeln. Stattdessen Grundregeln: Fußgänger haben immer Vorfahrt, dann kommen Radfahrer, zuletzt die Kfz, die auch nur höchstens 30 Stundenkilometer schnell sein dürfen. Wie zu erwarten, hatten viele Geschäftsleute zunächst protestiert, bis sie feststellten, dass durch die drastische Beschränkung des Autoverkehrs ihre Umsätze stiegen. Ihre Sorgen waren unbegründet. Schließlich muss heute niemand mehr einen Parkplatz suchen. Stattdessen kommen alle entspannt per Rad oder zu Fuß, verweilen zwischendurch in Cafés und geben mehr Geld aus als früher: Im Gegensatz zu den meisten anderen spanischen Städten verlagerte sich das Gros des Einzelhandels nicht an riesige Supermärkte am Stadtrand.[8]

## Autofreies Deutschland

In Deutschland gibt es zehn Inseln, die auf Staus und Gestank verzichten. Fünf davon liegen vor der Küste Niedersachsens in der Nordsee: Baltrum, Langeoog, Juist, Spiekeroog und Wangerooge. Sie sind zusammen gut 65 Quadratmeter groß und werden dauerhaft von etwas mehr als 6000 Menschen bewohnt. Hinzu kommen jährlich etwa 400 000 Touristen. Der Massenandrang wird weitgehend mit Pferdefuhrwerken und Fahrrädern bewältigt. Auch Geschäfte und Restaurants werden mit Pferdekutschen beliefert. Lediglich Polizei, Feuerwehr und einige Ärzte haben (teilweise elektrisch betriebene) motorisierte Fahrzeuge, zudem können partiell Baumaschinen eingesetzt werden. Langeoog verfügt zudem über eine Inselbahn, die den Fährhafen mit dem etwa 2,5 Kilometer entfernten Ortskern verbindet. Die Fahrzeit der Schmalspurbahn beträgt etwa sieben Minuten.[9]

Zwei weitere autofreie Inseln liegen im Chiemsee. Auf der 15,5 Hektar großen Fraueninsel leben 300 Menschen. Autofahren (und leider auch Radfahren) ist auf der Insel verboten. Nur in der Zeit von sieben bis zwölf Uhr dürfen Lieferfahrzeuge vereinzelt verkehren. Die autofreie Herreninsel ist 2,3 Quadratkilometer groß und wird von 15 Menschen bewohnt. Im Sommerhalbjahr pendeln Pferdekutschen für die Touristen zwischen dem Schiffsanleger und dem Schloss.[10]

Helgoland ist eine Nordseeinsel in der Deutschen Bucht. Auf einer Fläche von 4,2 Quadratkilometern leben hier außerhalb der Touristensaison 1469 Einwohner, die von jährlich mehr als einer Viertelmillion Touristen besucht werden. Auf der Insel Helgoland sind der Verkehr mit Kraftfahrzeugen und leider auch das Radfahren verboten. Letzteres wird damit begründet, dass anderenfalls Verkehrsschilder aufgestellt werden müssten, welche das Ortsbild negativ beeinflussen würden. Kinder und Jugendliche bis 14 Jahre dürfen indes in der Zeit vom 1. Oktober eines Jahres bis zum 31. März des Folgejahres ganztägig, vom 1. April bis zum 30. September eines Jahres ab 17:00 Uhr mit dem Fahrrad fahren. »Innerhalb der Ortsmitten (jeweils Ober- und Unterland) ist das Fahrrad bei großem Fußgängeraufkommen zu schieben. Auch für Fahrräder gilt die Geschwindigkeitsbegrenzung von maximal 10 km/h«.[11] Erlaubt für Kinder wie Erwachsene sind Tretroller ohne Motor. Die Helgoländer Polizei besitzt seit 2014 einen E-Golf. Außerdem sind einige Baufahrzeuge und ein Taxi zum Flugplatz mit Verbrennungsmotor im Einsatz. Der Personen- und Warenverkehr wird, soweit er nicht zu Fuß möglich ist, mit Elektrofahrzeugen bewältigt.

Die autofreie Insel Neuwerk liegt im südöstlichen Teil der Helgoländer Bucht, am Südwestrand der Außenelbe. Sie ist das Zentrum des 1990 gegründeten Nationalparks Hamburgisches Wattenmeer, zu dem neben dem Wattgebiet auch die unbewohnten Nachbarinseln Nigehörn und Scharhörn gehören. Neuwerk ist 3,3 Quadratkilometer groß und wird von 40 Menschen bewohnt. In den Sommermonaten wird die Insel jährlich von etwa 100 000 Touristen besucht. Neben den bis zu 2000 Tagesgästen gibt es noch etwa 170 Gästebetten, Campingmöglichkeiten, 240 Plätze in Strohlagern und mehrere Schullandheime.[12]

Die Insel Hiddensee liegt vor Rügen, ist 19,03 Quadratkilometer groß und zählt 1000 dauerhafte Bewohner. Besucht wird die Insel jährlich von mehr als 1,3 Millionen Touristen. Privaten Kfz-Verkehr gibt es bereits seit den 1950er Jahren auf der gesamten Insel nicht mehr. Für öffentliche Aufgaben, Lieferverkehr und landwirtschaftliche Nutzung sind einige Kraftfahrzeuge zugelassen, inzwischen meist mit Elektroantrieb. Dadurch ist die Insel nahezu autofrei. Ein Teil des Personen- und Warenverkehrs wird mit Pferdefuhrwerken durchgeführt. Zwischen den Ortsteilen Grieben, Kloster, Vitte und Neuendorf verkehrt täglich zwischen 7 und 17 Uhr ein Linienbus. Die Einwohner dürfen den Bus kostenlos nutzen, Touristen bezahlen die Fahrt. Das wichtigste individuelle Fortbewegungsmittel auf der Insel ist das Fahrrad. In jedem Ortsteil haben sich private Fahrradverleiher etabliert, die Kinderfahrräder, Tandems, Fahrräder mit Kinderanhängern, Rikschas bis zu hochwertigen E-Bikes stunden- oder tageweise ausleihen.[13]

Auf dem Festland gibt es in Deutschland bislang noch keine autofreien Ortschaften. Allerdings immerhin Diskussionen, Stadtzentren autofrei zu gestalten. Solche Absichtserklärungen existieren etwa für die Stuttgarter Innenstadt, wo Oberbürgermeister Kuhn zunächst Parkraum zurückbauen will, um in einiger Zukunft nur noch Lieferverkehr, öffentlichen Personennahverkehr und Einsatzkräfte zuzulassen. »Auf den Bundestraßen des City-Rings wie der Theodor-Heuss-Straße oder der B14 sollen aber weiter Autos fahren dürfen. Auch die Zufahrt zu den Parkhäusern solle weiterhin möglich sein, so OB Kuhn.«[14] Auch in Berlin gibt es zumindest den Plan, die Friedrichstraße im Jahr 2020 mehrere Wochen für den Kfz-Verkehr zu sperren, um Erfahrungen mit Autofreiheit zu sammeln.[15] Die Straße des 17. Juni wird in der Hauptstadt hingegen häufig gesperrt – mal für Liveübertragungen von Fußballmeisterschaften, mal für Sportveranstaltungen wie den Marathon oder für Demonstrationen. Fußgänger und Radfahrer machen an solchen Tagen die Erfahrung, dass es schlicht ruhiger, sicherer und frischer in diesem Teil der Stadt ist.

## Autofreies Österreich

25 Orte in sechs Ländern nennen sich »Alpine Pearls«. Diese Perlen sind Orte, die sich der autofreien Mobilität verpflichtet haben. »Sanfte Mobilität« steht hier im Mittelpunkt: Erlebnisreiche, umweltfreundliche Freizeitangebote, verkehrsberuhigte Ortszentren sowie eine Mobilitätsgarantie mit komfortablen Transfer-Services sind selbstverständlich. Zu dem Verbund gehören in Österreich die Orte Werfenweng, Neukirchen am Großvenediger, Mallnitz, Weissensee und Hinterstoder. Hier werden individuelle Mobilitätsservices angeboten wie Wanderbus, Wandertaxi, Tälerbus, Skibus, Kutschenfahrten, aber auch Rad- und Mountainbikestrecken, Elektrofahrräder- und Fahrrad-Verleih.[16] Touristen wird empfohlen, ohne Auto anzureisen. Was nicht nur für die Anreisenden selbst stressfreier sein dürfte, sondern vor allem auch den Orten hilft – die anderenfalls während der Saison im mitgebrachten Kfz-Verkehr erstickten.

So erging es zum Beispiel Serfaus in Tirol, wo immer mehr Skifahrer die wenigen Straßen verstopften. Vor 1985 entschloss man sich dort deshalb, eine U-Bahn zu bauen. »Den Einwohnern stanken die Besucher, von denen sie lebten. Die Wintersportler mussten einmal durchs Dorf, rund einhalb Kilometer, um zur Seilbahn zu kommen. Mit dem Auto. Morgens hin, abends zurück.«[17]

Inzwischen gibt es die fahrerlose, kleinste, höchstgelegene auf Luftkissen schwebende U-Bahn der Welt.[18] 1500 Meter lang ist die Strecke durch den Berg. Ein Auto braucht keiner der Gäste mehr.

Andere Städte des Landes werben sogar mit direkt vom Hotel startenden Skigondeln. »Vergessen Sie im Familien-Skiurlaub im Ötztal die nervige Prozedur vor dem Skifahren: Ski verladen, Eis kratzen, Parkplatz suchen, Skier zum Lift schleppen ...«.[19] In Obergurgl gibt es da andere Möglichkeiten:

> »Gehen Sie Ihren Familien-Skitag ganz entspannt an. Nach dem ausgiebigen und köstlichen Frühstücksbuffet schlüpfen Sie in Ihre warmen Skischuhe, holen die Skier aus dem Aufbewahrungsraum und verlassen Ihr Hotel, um gleich darauf in die komfortable Gondelbahn vor dem Haus einzusteigen. Keine Wartezeiten, keine Anfahrt, sondern ein maximal komfortabler Start in einen gelungenen Wintersporttag im Skigebiet Obergurgl.«[20]

»Keine Autos«, das steht für Entspannung und maximalen Komfort – zumindest rund um den Urlaub ist diese Botschaft schon angekommen.

## Autofreie Schweiz

Auch in der Schweiz hat man schon seit längerem erkannt, dass Touristen oft Ruhe suchen – und die umgeben vom Lärm und Gestand des Kfz-Verkehrs nicht zu finden ist. So gründete sich dort die Gemeinschaft autofreier Schweizer Tourismusorte (GaST). Sie bezweckt »die Entwicklung und Förderung der gemeinsamen Interessen von autofreien Ferienorten der Schweiz. Als Pionier des sanften Tourismus steht die Interessensgemeinschaft GaST seit 1988 für eine naturnahe Ferienphilosophie. Ziel ist es, dem Urlauber einen hohen Erholungswert zu bieten.«[21]

Der berühmteste Ort dieser Art ist Zermatt. Vom Bahnhof in Täsch rollt man mit dem Zug taleinwärts bis Zermatt und landet im Zentrum des Ortes. Elektrogefährte besorgen den Gepäcktransport. Ansonsten ist das Dorf eine große Fußgängerzone mit teuren Hotels. Mit 200 Pistenkilometern gehört Zermatt zu den größten Skigebieten in den Alpen und mit Abfahrten bis auf 3800 Meter auf dem Kleinen Matterhorn auch zu den höchsten.[22]

Im Nachbartal liegt das ebenfalls autofreie Saas-Fee mit einem Skigebiet von 140 Pistenkilometern. 13 Viertausender umrahmen den berühmten Skiort, in dem nur Fußgänger und Elektrotaxis unterwegs sind. Zum Allalin hinauf fährt eine U-Bahn.

Berühmt ist auch Wengen, ein Dorf im Berner Oberland, das zur Gemeinde Lauterbrunnen in der Schweiz gehört. Der Ort liegt auf 1274 Metern am Fuße der Berge Eiger, Mönch und Jungfrau, 400 Meter hoch über dem Lauterbrunnental. Seit 1893 kann Wengen ab Lauterbrunnen mit der Wengernalpbahn erreicht werden. Das Dorf selbst besitzt keinen Anschluss an das Straßennetz und ist deshalb nahezu autofrei. Einzige Fahrzeuge sind Taxis, Hotelfahrzeuge und Fahrzeuge von kleinen Firmen. Wengen hat normalerweise 1300 Einwohner, in der winterlichen Hochsaison aber mehr als 10 000 und in der sommerlichen Ferienzeit etwa 5000 Bewohner.[23]

Im Aletschgebiet am Nordrand des Wallis gibt es drei autofreie Orte: Riederalp, Bettmeralp und Fiescheralp. In den ehemaligen Almsiedlungen finden sich heute Chalets, Hotels und Ferienhäuser in herrlicher Panoramalage und inmitten eines 228 Pistenkilometer großen Skigebietes. Bettmeralp ist zudem zentral gelegen: Aber das Auto bleibt unten im Tal im Parkhaus, während die Gäste mit der Seilbahn von Betten ins Wintersportdorf auf knapp 2000 Meter Höhe fahren.[24]

Das autofreie Stoos ist mit der steilsten Standseilbahn der Welt via Schlattli oder ab Morschach mit der Luftseilbahn erreichbar. Eingebettet in die alpine Landschaft am Fuße des

Fronalpstocks liegt das Feriendorf auf einem sonnigen Hochplateau auf rund 1300 Metern. Genau beschrieben – und gemeinsam als Erholung vom Autostau angepriesen – werden alle autofreien Schweizer Orte vom dortigen Tourismusverband.[25]

Aber auch jenseits des Tourismus tut sich etwas weg vom Auto, hin zu Alternativen wie dem Rad. Im Land der direkten Demokratie wenig überraschenderweise angestoßen durch die Lancierung einer »Initiative« im März 2015. Schon im Oktober waren die notwendigen 100 000 Unterschriften gesammelt. Nach einem bürokratischen Hin- und Her kam es schließlich zur Abstimmung: Der Bundesbeschluss Velo wurde am 23. September 2018 von 73,6 Prozent der Schweizer und von allen Ständen angenommen. Daraufhin wurde das Fahrradfahren in der Bundesverfassung verankert und dort dem Wandern und dem Zufußgehen gleichgestellt.[26] In der Folge ist der Bau von Fahrradwegen in der Schweiz künftig nicht mehr nur eine Angelegenheit der Kantone, der Bund wird sie subsidiär unterstützen, indem er etwa für die Velowege gesamtschweizerische Daten und Statistiken erarbeitet, Standards zu Qualität und Sicherheit entwickelt sowie Geodaten für Karten und Apps bereitstellt.[27] So sollen zukünftig landesweit einheitliche Standards für die Radspuren für mehr Sicherheit sorgen. Denn auch in der Schweiz stieg in den letzten Jahren die Zahl der verletzen und getöteten Fahrradfahrer, zudem wird mit einer weiteren Zunahme des Radverkehrs gerechnet.[28]

Interessant ist, dass in der Schweiz Rad- und Fußverkehr als »Langsamverkehr« bezeichnet wird (was sachlich nicht immer richtig sein muss, ist das Fahrrad in der Stadt auf kurzen Strecken doch oft das schnellste Verkehrsmittel). Das Schweizer Bundesamt für Straßen (ASTRA) schreibt denn zumindest auch als offizielle Stellungnahme: »Die schweizerische Verkehrspolitik verfolgt das Ziel, die heutigen und künftigen Mobilitätsbedürfnisse möglichst effizient und umweltgerecht zu bewältigen. Die Erhöhung des Langsamverkehrsanteils kann dazu einen wichtigen Beitrag leisten.« Dass auch in der Alpenrepublik der Rad- und Fußverkehr dem Auto gegenüber noch nicht gleichberechtigt ist, erschließt sich im Folgenden:»Der Langsamverkehr (LV) soll sich neben dem motorisierten Individualverkehr (MIV) und dem öffentlichen Verkehr (ÖV) zu einem gleichberechtigten dritten Pfeiler des Personenverkehrs entwickeln – sei es als eigenständige Mobilitätsform oder auch in Kombination mit den andern Verkehrsmitteln.«[29]

Damit sich mehr tut in Sachen Fahrrad, hat sich zudem der Verein Pro Velo gegründet, der inzwischen von 35 000 Mitgliedern getragen wird. Ziel des Vereines ist »die Förderung des Velos als umweltfreundliches, energiesparendes und gesundes Individualverkehrsmittel. Pro Velo Schweiz und die Regionalverbände setzen sich für alle das Velo betreffenden Belange ein, insbesondere für Sicherheit und Komfort beim Velofahren, für Verbesserungen im Fahrradbereich und für Verknüpfungen des motorlosen Individualverkehrs mit dem öffentlichen Verkehr.«[30]

Dort ist die Schweiz im Vergleich zu Deutschland seit Jahren innovativer. Während in Deutschland der öffentliche Verkehr stark von Rationalisierern dominiert wird, die immer größere Fahrzeuge einsetzen möchten, ist in der Schweiz zum Beispiel der Fahrzeugtyp Minibus und Midibus weit verbreitet, weil das ÖPNV-Angebot an die jeweiligen Raum- und Siedlungsstrukturen angepasst wird. Etwas, das man in Deutschland vergeblich sucht.[31]

Claudia Bucher von Pro Velo Schweiz beschreibt ihren Einsatz für eine fahrradfreundlichere Politik so:

»Die Schweiz ist vor allem im Fahrrad-Freizeitbereich sehr gut aufgestellt. Wir haben neun nationale, 54 regionale und 49 lokale Velorouten sowie drei nationale Mountainbikerouten, 16 regionale und

225 lokale. Die Routen sind auch äußerst gut markiert. Die Infrastruktur für den Alltagsverkehr ist noch nicht ganz so vorbildlich. In der Schweiz liegen wir bei acht Prozent Radverkehrsanteil, das ist europaweit vorderes Mittelfeld. Wir haben uns zum Ziel gesetzt, bis zum Jahr 2032 diesen Prozentsatz auf das Doppelte zu steigern. Der Bundesbeschluss Velo wird uns unterstützen, dieses Ziel zu erreichen. Die Velonutzung in der Schweiz ist sehr unterschiedlich: In Basel und Bern zum Beispiel ist der Radverkehrsanteil mit zwölf bis 16 Prozent bereits deutlich höher als der Schweizer Durchschnitt, aber dann gibt es auch Regionen, wie die Westschweiz und das Tessin, wo der Radverkehrsanteil unter drei Prozent liegt. In der Deutschschweiz sind die Veloinfrastruktur und die Velokultur besser. Der Bundesbeschluss zum Radverkehr wurde übrigens mit über 73 Prozent angenommen, in der Westschweiz und dem Tessin sogar mit 80 Prozent! Der Wunsch nach einer besseren Infrastruktur ist also auch dort sehr stark, wo noch wenig gefahren wird. Im Tessin und in der Westschweiz ist die Infrastruktur schlechter als in der Deutschschweiz. Außerdem hält die Problematik des Fahrraddiebstahles viele Leute vom Radfahren ab. Es gibt noch zu wenige sichere Abstellmöglichkeiten. Zudem ist in der Westschweiz die Fahrradkultur geprägt von Frankreich, wo es nur drei Prozent Radverkehrsanteil gibt. Auch in unserem Nachbarland Italien gibt es eine Kultur des Autofahrens, das schwappt herüber. Wir gehen davon aus, dass wir in bergigen Regionen in der nächsten Zeit eine Änderung wahrnehmen durch das Aufkommen der E-Bikes. Deren Einsatz in bergigen Regionen ist optimal. Wir haben einen sehr großen Anstieg bei den Verkaufszahlen: Insgesamt wurden im vergangenen Jahr 333 000 Fahrräder in der Schweiz verkauft, 110 000 – also ein Drittel – waren E-Bikes. Auch für die älteren Personen, die wieder aufsteigen oder jetzt neu anfangen, Fahrrad zu fahren, sind E-Bikes eine Chance.

Bei den Kantonen gibt es einen starken Aufwind beim Thema Radfahren, es kommen immer mehr Velo-Pläne heraus. Bei uns haben die Kantone viel Eigenständigkeit und kommen gut voran, da sie sich nicht mit allen abstimmen müssen, solange es nicht um überregionale Netze geht. Es ist förderlich, dass jeder selbst aktiv werden kann und nicht alles zentralistisch vorgegeben wird. So ist auch die Motivation größer.

Von Pro Velo, den Städten oder den Kantonen werden manchmal auch Tests angeregt, zum Beispiel wurde jüngst in den fünf größten Städten ein Test durchgeführt mit Rechtsabbiegen bei Rotlicht.[32] Das verlief sehr positiv. Pro Velo beteiligt sich auch an nationalen Kampagnen zur Förderung des Verkehrsklimas. Es geht dabei darum, ohne Mahnfinger die Verkehrsteilnehmenden zu sensibilisieren, sich rücksichtsvoll zu verhalten.

Bereits sehr gut gestaltet sich in der Schweiz die Verknüpfung von ÖV und Velo. Es gibt demnächst auch eine App von der SBB, dort sieht man, welches das schnellste Transportmittel von A nach B ist. Auch das Velo wird dort integriert sein.

Mit dem Bundesgesetz Radverkehr, welches Mitte 2021 kommen wird, erhoffen wir Vorgaben vom Bund, die den Druck auf die Kantone erhöhen, in eine bessere Veloinfrastruktur zu investieren. So kann sich der Verkehr weiter entflechten, die Sicherheit wird erhöht, und das Velofahren macht dann noch mehr Spaß.«[33]

**Abgeschafft wurde hingegen 1993 das Radfahrerbataillon der Schweizer Armee. Bis dahin war man davon ausgegangen, strategisch günstig per Velo über enge Bergpässe bis zu den Landesgrenzen vorstoßen zu können. Fahrräder hat die Armee jedoch bis heute – nutzt sie aber nur noch zum Lastentransport.[34]**

# Die Vision

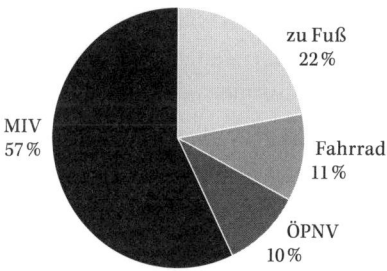

Der Modal Split für Deutschland 2017 sieht noch recht dunkel aus.[1]

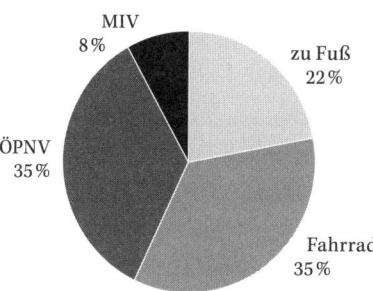

Das geht besser! 2040 könnte der Modal Split zum Beispiel so aussehen.

2007 ging ein Aufschrei durch Deutschland – ein Rauchverbot in Gaststätten war geplant! Die Sache war klar: Raucher sollten diskriminiert werden, der Staat wollte sich durch Verbote in den individuellen Lebensstil seiner Bürger einmischen und die Gastronomie würde einen schnellen und leidvollen Tod sterben und dabei nicht nur Tausende Arbeitsplätze sondern auch den Grundpfeiler der deutschen Kultur (die Eckkneipe) mit in den Abgrund reißen. Dass Passivrauchen gesundheitsschädlich ist, stinkt und dazu führt, dass die Geschmacksnerven durcheinander kommen, weil die Lasagne auf dem Weg zum Mund nicht mehr nach Lasagne riecht, waren lässliche Nebenerscheinungen, die im Sinne der individuellen Freiheitsrechte von Rauchern zu verschmerzen waren. Doch das Rauchverbot kam trotzdem. Mit erschütterndem Ergebnis: »Demnach führten die von August 2007 bis Juli 2008 in allen Bundesländern eingeführten Rauchverbote im Durchschnitt zu zwei Prozent weniger Umsatz. In Bayern und Nordrhein-Westfalen, wo die Regeln oft durch sogenannte Raucherclubs umgangen wurden, sei gar kein Erlösrückgang nachweisbar, schreiben die Autoren der Studie. Auch die von vielen befürchtete Pleitewelle von Bars und Clubs ist demnach ausgeblieben.«[2]

Und im Tabak-Atlas aus dem Jahr 2015 heißt es: »Überzeugte Raucher gibt es nur wenige: Lediglich 35 Prozent der Raucher haben noch nie im Leben einen Rauchstopp versucht. Die Mehrheit der Raucher« möchte mit dem Rauchen aufhören.«[3] Als motivierend wird dabei auch das Rauchverbot in Gaststätten hervorgehoben.[4] Tatsächlich rauchen inzwischen weniger Menschen in Deutschland als noch vor 15 Jahren. »Rauchen wird uncool.«[5]

Wer jetzt in obigem Beispiel Gaststätten durch Innenstädte und Zigaretten durch private Autos ersetzt, kommt der Vision einer lebendigen Stadt, in der man die Blume am Straßenrand noch riechen kann, bereits ziemlich nah: Eine Stadt ohne private Autos ist wie ein Restaurant ohne Zigarettenqualm. Erst undenkbar, dann beschlossen, durchgesetzt und schließlich Alltag. Und den größten Profiteur eines Autofahrstopps haben Noch-Kfz-Lenker immer bei sich: den eigenen, nach Mobilität gierenden Körper.

Um entscheidende Schritte Richtung Verkehrswende zu tun, braucht man im Bereich Verkehrspolitik heutzutage auch keine überdurchschnittlichen visionären Qualitäten mehr. Selbst das seit Jahren CSU-geführte Bundesverkehrsministerium müsste aufgabengemäß daran mitwirken, ist es doch für die Umsetzung des Radverkehrsplans zuständig. Dessen erste Version (2002 bis 2012) wurde im Mai 2002 vom Deutschen Bundestag mit den Stimmen aller Fraktionen beschlossen. 2020 endet der NRVP 2, inzwischen liegen bereits die Visionen, Pardon »Leitziele«, der dritten Auflage vor. Und die Leitziele des NRVP 3.0 lesen sich folgendermaßen:

»Leitziel: Lückenloser Radverkehr in Deutschland
Eine zum Radfahren motivierende Infrastruktur ist in allen Regionen der entscheidende Schlüssel für die Höhe des Radverkehrsanteils und wird von den Radfahrenden immer stärker eingefordert. Durch eine sichere und attraktive Infrastruktur – bestehend aus gut ausgebauten Radwegen und Kreuzungen sowie Park-Infrastruktur und Sharing-Systemen – werden die umfassenden Potenziale des Radverkehrs genutzt, Konflikte unter den Verkehrsteilnehmern verringert und das Verkehrssystem als Ganzes optimiert.

Leitziel: Vision Zero im Radverkehr
Alle Altersgruppen, von Kindern bis Senioren, sollen in Deutschland sicher Fahrrad fahren. Das zeigt sich sowohl in der objektiven Sicherheit als auch durch das subjektive Sicherheitsempfinden. Alltagstauglichkeit und individueller Spaß am Radfahren werden ebenso gestärkt wie die Bedeutung des Fahrrads als alltägliches Verkehrsmittel.

Leitziel: Urbaner Lastenverkehr wird Radverkehr
Intelligente City-Logistik bedeutet eine immer stärkere Einbeziehung des Fahrrads. Das (Lasten-)Fahrrad schöpft seine Potenziale

in der Lieferkette voll aus und sorgt für eine emissionsfreie Zustellung auf der letzten Meile.

## Leitziel: Deutschland wird Fahrrad-Pendlerland

Das Fahrrad wird das Verkehrsmittel der Wahl im Berufsverkehr. Sowohl der tägliche Arbeitsweg als auch Dienstwege während der Arbeitszeit werden bevorzugt mit dem Fahrrad zurückgelegt.

## Leitziel: Deutschland wird Fahrradstandort

Das Image sowie das Wissen über das Fahrrad und den Radverkehr werden sowohl in der Gesellschaft als auch in der Fachöffentlichkeit konsequent verbessert. Daraus entstehen Innovations- und Wirtschaftspotenziale, die konsequent genutzt und gefördert werden.

## Leitziel: Radverkehr wird intelligent, smart und vernetzt

Digitalisierung treibt Innovation – auch im Radverkehr. Daten ermöglichen eine passgenaue Planung von Infrastruktur und Verkehrssteuerung, optimieren die Vernetzung zwischen verschiedenen Mobilitätsangeboten und machen Radfahren schneller, sicherer und attraktiver.

## Leitziel: Radverkehr erobert Stadt und Land

Durch attraktive öffentliche Räume mit passenden Angeboten für den Radverkehr in der Stadt und auf dem Land werden Lebens- und Aufenthaltsqualität verbessert und Bewohnerinnen und Bewohner zur aktiven Bewegung motiviert. So entstehen lebendige und attraktive Städte und Regionen.

## Leitziel: Das Fahrrad im Zentrum moderner Mobilitätssysteme

Durch schlanke Prozesse und effektive Förderungen in Politik und Planung wird Radverkehr als zentraler Bestandteil nachhaltiger Mobilität ambitioniert vorangetrieben. Gesellschaft und Fachakteure werden aktiv in den Prozess eingebunden und so bedarfsgerechte Lösungen erarbeitet.«[6]

Applaus! Damit wären die Pull-Faktoren für eine Verkehrswende ganz gut beschrieben. Da mittlerweile erprobt wurde, dass positive Anreize allein nicht genügen, müssen die von der Bundesregierung vorgegebenen Ziele nur noch auf der Push-Seite durch einen Nationalen Verkehrsgleichstellungplan ergänzt werden. Hier mal einige Vorschläge:

Leitziel: Alle Verkehrsmittel werden einander rechtlich gleichgestellt

Durch grundlegende Änderungen in StVO und StVG werden zukunftsträchtige, gesunde und ökologische Mobilitätsformen wie Radfahren und Zufußgehen als Verkehr anerkannt, deren Flüssigkeit und Sicherheit gewährt werden muss. Einschränkungen dieses Verkehrsflusses bedürfen einer Einzelfallprüfung.

Leitziel: Die Subventionierung individueller Mobilitätsformen wird eingestellt

Durch Einstellung des Dienstwagenprivilegs, eine durchgängige Parkraumbewirtschaftung und eine Zurückverlagerung der durch Automobilität verursachten, derzeit von der Gesellschaft getragenen Kosten auf deren Verursacher, werden Gelder frei für den Aufbau einer modernen Umweltverbund-Infrastruktur.

Leitziel: Die maximal zulässigen Höchstgeschwindigkeiten werden wissenschaftlichen Erkenntnissen angepasst

Durch eine generelle Anpassung zulässiger Höchstgeschwindigkeiten auf 30 Stundenkilometer innerorts, 70 Stundenkilometer außerorts und 130 Stundenkilometer auf Autobahnen werden Unfallzahlen gesenkt, Umweltschäden verringert und der Verkehrsfluss gefördert.

Die Zusammenführung dieser beiden Pläne ergäbe ein tragfähiges Fundament für den Startschuss einer Verkehrswende in Deutschland. Zur Umsetzung bräuchte es neben dem politischen Willen, Dinge wie den Nationalen Radverkehrsplan nicht nur zu formulieren, sondern auch tatsächlich umsetzen zu wollen, eine (schon angesprochene) neue Rechtslage, Geld (das durch die Beendigung der jährlichen Milliardensubventionen in den Kfz-Verkehr vorhanden wäre), Fachpersonal und ein Change Management (Neudeutsch für »die Leute mitnehmen«). Schließlich kann es ein wenig Zeit und Überzeugungskraft brauchen, um Menschen, die seit Jahrzehnten in den Verwaltungen Städte- und Verkehrsplanung mit Platz-für-Autos gleichsetzten (und gleichsetzen sollten), für neuen Ideen zu begeistern.

Und neu wäre nicht nur, Rad- und Fußverkehr nicht mehr als Resterampe für übrig bleibenden Platz und Geld anzusehen, sondern auch öffentlichen Verkehr als das Rückgrat jeder Infrastruktur zu begreifen. 40 Jahre Spardiktat haben dazu geführt, dass der öffentliche Personennahverkehr nicht mehr als Nummer eins in der Mobilität betrachtet wird, wie es vor dem breiten Einfall des Autos der Fall war. Das Auto ist jedoch ein Auslaufmodell, weil es nicht flächeneffizient organisiert werden kann, zu teuer, zu schmutzig, zu laut und zu gefährlich ist.[7]

# Anhang

## Anmerkungen

In den Endnoten finden sich Angaben zu Autor / Herausgeber, Titel, Erscheinungsort und -zeitraum, ergänzt durch einen Link, der zur Webseite verknüpft, falls diese noch verfügbar war. Redaktionsschluss war der 4. 12. 2019.

### Vorwort – Schöne Meinung! Gibt es die auch mit Ahnung? [S. 9 – 11]

1   Laut Kraftfahrtbundesamt waren 2013 in Berlin 1 Million Pkw zugelassen, heute 1,2 Millionen. In Gesamtdeutschland waren 2013 43,4 Millionen Pkw zugelassen, heute sind es 47, 1 Millionen: Kraftfahrtbundesamt, Bestand 2019; https://www.kba.de/DE/Statistik/Fahrzeuge/Bestand/bestand_node.html

### Die Draufsicht [S. 12 – 24]

1   Helmut Becker, Wohin steuert die die Automobilindustrie?, in: n-tv, 28. 1. 2019; https://www.n-tv.de/wirtschaft/Wohin-steuert-die-Automobilindustrie-article20826978.html.
Daniel Stelter, Die brutale Revolution in Auto- und Energiebranche, in: WirtschaftsWoche, 1. 6. 2017; https://www.wiwo.de/finanzen/geldanlage/stelter-strategisch-deutsche-autoindustrie-vor-existentieller-krise/19841924-2.html.
Christian Malorny, Das Ende der Autoindustrie, wie wir sie kennen, in: Welt, 29. 9. 2015; https://www.welt.de/motor/article146698673/Das-Ende-der-Autoindustrie-wie-wir-sie-kennen.html

2   Autoratgeber, Wie viele Autos gibt es in Deutschland?, in: markt.de; https://www.markt.de/ratgeber/fahrzeuge/wie-viele-autos-gibt-es-in-deutschland/

3   Kraftfahrtbundesamt, Bestand 2019; https://www.kba.de/DE/Statistik/Fahrzeuge/Bestand/bestand_node.html

157

4 Kraftfahrtbundesamt, Jahresbilanz der Neuzulassungen 2018; https:// www.kba.de/DE/Statistik/Fahrzeuge/Neuzulassungen/n_jahresbilanz.html

5 VCD, Carsharing, Auto nutzen statt besitzen; https://www.vcd.org/ themen/auto-umwelt/carsharing/

6 Martin Randelhoff, Die größte Ineffizienz des privaten Pkw-Besitzes: Das Parken, in: Zukunft Mobilität, 23.2.2013; https://www.zukunftmobilitaet.net/13615/strassenverkehr/parkraum-abloesebetrag-parkgebuehr-23-stunden/

7 Statista, Wie groß wünschen Sie sich das Kinderzimmer für Ihre Kinder?; https://de.statista.com/statistik/daten/studie/159027/umfrage/ wunschgroesse-fuer-das-kinderzimmer/

8 Deutsche Parkplätze zu klein? Türen-Test mit 50 Modellen, in: Auto Bild, 22.2.2012; https://www.autobild.de/artikel/deutsche-parkplaetze-zu-klein--2873373.html

9 Peter Neumann, Unfallzahl gestiegen. Warum Berlins Straßen für Kinder gefährlich sind, in: Berliner Kurier, 9.8.2019.

10 Abbildung: From the NACTO-GDCI Global Streets Design Guide. Civil + Structural Engineer, NACTO and Global Designing Cities Initiative release worldwide standard for designing safe, sustainable city streets, 14.10.2014; https://csengineermag.com/nacto-andglobal-designing-cities-initiative-release-worldwide-standard-fordesigning-safe-sustainable-city-streets/

11 StVO § 2 Absatz 4: Eine Pflicht, Radwege in der jeweiligen Fahrtrichtung zu benutzen, besteht nur, wenn dies durch Zeichen 237, 240 oder 241 angeordnet ist. Rechte Radwege ohne die Zeichen 237, 240 oder 241 dürfen benutzt werden. Linke Radwege ohne die Zeichen 237, 240 oder 241 dürfen nur benutzt werden, wenn dies durch das allein stehende Zusatzzeichen »Radverkehr frei« angezeigt ist.

12 Agentur für clevere Städte, Autofahrer 20 mal mehr Flächen als Radfahrer: Flächen-Gerechtigkeits-Report online, 5.8.2014; https://www. clevere-staedte.de/blog/artikel/flaechen-gerechtigkeits-report-online

13 ebd.

14 Senatsverwaltung für Umwelt, Verkehr und Klimaschutz Berlin, Mobilität der Stadt. Berliner Verkehr in Zahlen 2017; https://www.berlin.de/senuvk/verkehr/politik_planung/zahlen_fakten/download/ Mobilitaet_dt_komplett.pdf

15  Stadt Mannheim, Entwicklung des Verkehrsverhaltens der Mann-
    heimer Bevölkerung 2008–2013; https://www.mannheim.de/sites/
    default/files/2017-12/Entwicklung des Verkehrsverhaltens der Mann-
    heimer Bevölkerung 2008 - 2013.pdf. Auf Grundlage des Berichts: TU
    Dresden, Mobilität in Städten – SrV 2018; https://tu-dresden.de/bu/
    verkehr/ivs/srv/ressourcen/dateien/SrV2018/auftaktveranstaltung/
    SrV2018_Informationsbroschuere.pdf?lang=de

16  Umweltbundesamt, Mobilität privater Haushalte, 18.11.2019; https://
    www.umweltbundesamt.de/daten/private-haushalte-konsum/
    mobilitaet-privater-haushalte#textpart-1

17  Deutscher Verkehrssicherheitsrat, Getötete bei Verkehrsunfällen,
    Stand: Juli 2019; https://www.dvr.de/unfallstatistik/de/verkehrsteil-
    nahme-getoetete/

18  VCD-Hintergrundpapier zur Verkehrssicherheit, Zahl der Verkehrsto-
    ten stagniert, Zahl der Verletzten steigt! Für mehr Sicherheit im Stra-
    ßenverkehr!; 14.6.2019; https://www.vcd.org/fileadmin/user_upload/
    Redaktion/Themen/Verkehrssicherheit/VCD_Hintergrundpapier_
    Verkehrstote_und_Verletzte_Stand_Juni_2019.pdf

19  Runter vom Gas, Verkehrsteilnehmer. Verkehrsunfälle: So gefährdet
    sind Radfahrer, 1.11.2019; https://www.runtervomgas.de/verkehrs-
    teilnehmer/artikel/verkehrsunfaelle-so-gefaehrdet-sind-radfahrer.
    html

20  Runter vom Gas, Unfallursachen. Die häufigsten Unfallursachen,
    7.3.2018; https://www.runtervomgas.de/unfallursachen/artikel/die-
    haeufigsten-unfallursachen.html

21  ebd.

22  Allianz, Ablenkung durch moderne Informations- und Kommuni-
    kationstechniken und soziale Interaktion bei Autofahrern, 11.2016;
    https://www.allianzdeutschland.de/wp-content/uploads/2018/10/
    allianz-ablenkungsstudie-2016.pdf

23  ADAC, Ablenkung: Die unterschätzte Gefahr, 14.3.2018; https://www.
    adac.de/verkehr/verkehrssicherheit/ablenkung-auto/

24  Runter vom Gas, Verkehrsteilnehmer. Verkehrsunfälle: So gefährdet
    sind Radfahrer, 1.11.2019; https://www.runtervomgas.de/verkehrs-
    teilnehmer/artikel/verkehrsunfaelle-so-gefaehrdet-sind-radfahrer.
    html

## Die Finanzen [S. 25 – 31]

1   VCD, Versteckte Kosten des städtischen Autoverkehrs, 2005; https://
    www.vcd.org/fileadmin/user_upload/Redaktion/Themen/Verkehrs-
    politik/Versteckte_Kosten_im_Verkehr/Versteckte_Kosten.pdf

2   VCD, Kostenwahrheit im Verkehr. Versteckte Subventionen des Auto-
    verkehrs; https://www.vcd.org/themen/verkehrspolitik/kostenwahr-
    heit-im-verkehr/

3   Netzwerk Europäischer Eisenbahnen e. V., 60 Milliarden Euro:
    Straßenverkehr deckt schon seine direkten Kosten nicht, 8. 11. 2017;
    https://www.netzwerk-bahnen.de/news/60-milliarden-euro-strassen-
    verkehr-deckt-schon-seine-direkten-kosten-nicht.html

4   TU-Dresden, Externe Autokosten in der EU-27. Überblick über existie-
    rende Studien, 10.2012; https://www.greens-efa.eu/legacy/fileadmin/
    dam/Documents/Studies/Costs_of_cars/The_true_costs_of_cars_
    DE.pdf

5   Universität Kassel, NRVP –Kostenvergleich zwischen Radverkehr,
    Fußverkehr, Kfz-Verkehr und ÖPNV anhand von kommunalen
    Haushalten, 10.2015; https://www.uni-kassel.de/fb14bau/fileadmin/
    datas/fb14/Institute/IfV/Verkehrsplanung-und-Verkehrssysteme/
    Forschung/Projekte/Endbericht_NRVP_VB1211.pdf

6   Netzwerk Europäischer Eisenbahnen e. V., Abschätzung der Kosten
    der Verkehrsträger im Vergleich, 11.2017; https://www.netzwerk-bah-
    nen.de/assets/files/news/2017/studie-abschaetzung-der-kosten-der-
    verkehrstraeger-im-vergleich.pdf

7   Allianz pro Schiene, Studie: Straßenverkehr kostet jährlich 130 Mrd
    Euro, 6. 10. 2004; https://www.allianz-pro-schiene.de/presse/presse-
    mitteilungen/2004-2004-50/

8   Wolfgang Kaden, Der Autoverkehr - ein Subventionsbetrieb, in:
    Der Spiegel 28/1987, 6. 7. 1987; https://www.spiegel.de/spiegel/
    print/d-13522988.html

9   Anja Franzenburg, Guter Rat: das Rad, in: Greenpeace, 28. 8. 2018;
    https://www.greenpeace.de/themen/energiewende/mobilitaet/guter-
    rat-das-rad

10  Umweltbundesamt, Emissionen des Verkehrs, 31. 5. 2019; https://
    www.umweltbundesamt.de/daten/verkehr/emissionen-des-
    verkehrs#textpart-2

11   Pressedienst Fahrrad, Themenblatt: Die Fahrradwelt in Zahlen,
     2.12.2019; https://www.pd-f.de/themenblaetter/die-fahrradwelt-in-
     zahlen

12   ADAC, Autokosten-Check, 26.8.2019; https://www.adac.de/rund-ums-
     fahrzeug/auto-kaufen-verkaufen/autokosten/guenstigste-mittel-
     klasse-autos/

**Die Politik  [S. 32 – 48]**

 1   Timo Reuter, Protest gegen IAA: Das Auto soll weg, in: Zeit online,
     15.9.2019; https://www.zeit.de/mobilitaet/2019-09/iaa-frankfurt-
     protest-sand-im-getriebe-verkehrswende-klimaschutz

 2   Die Bundeskanzlerin, Rede von Bundeskanzlerin Merkel bei der
     68. Internationalen Automobil-Ausstellung am 12. September 2019
     in Frankfurt am Main; https://www.bundeskanzlerin.de/bkin-de/
     aktuelles/rede-von-bundeskanzlerin-merkel-bei-der-68-internationa-
     len-automobil-ausstellung-am-12-september-2019-in-frankfurt-am-
     main-1670394

 3   Die Bundeskanzlerin, Rede von Bundeskanzlerin Merkel bei der Eröff-
     nung der EUROBIKE 2013; https://www.bundeskanzlerin.de/bkin-de/
     suche/rede-von-bundeskanzlerin-merkel-bei-der-eroeffnung-der-eu-
     robike-2013-398110

 4   Christoph Sackmann, Kein deutscher Hersteller. Wer baut eigentlich
     die Elektrobusse, die unsere Städte vor Dieselabgasen bewahren?, in:
     Finanzen 100, 28.2.2018; https://www.finanzen100.de/finanznach-
     richten/wirtschaft/kein-deutscher-hersteller-wer-baut-eigentlich-
     die-elektrobusse-die-unsere-staedte-vor-dieselabgasen-bewahren_
     H1805505843_549772/

 5   ebd.

 6   Die Bundeskanzlerin, Rede von Bundeskanzlerin Merkel bei der 68.
     Internationalen Automobil-Ausstellung am 12. September 2019 in
     Frankfurt am Main; https://www.bundeskanzlerin.de/bkin-de/aktu-
     elles/rede-von-bundeskanzlerin-merkel-bei-der-68-internationalen-
     automobil-ausstellung-am-12-september-2019-in-frankfurt-am-
     main-1670394

 7   ebd.

 8   AFP / Claudia Hamburger, Auto-Kritik auf der IAA? Diese Rede darf
     Frankfurts OB nicht halten, in: T-online, 12.9.2019; https://www.
     t-online.de/auto/neuvorstellungen/id_86433610/iaa-die-nicht-
     gehaltene-rede-von-frankfurts-oberbuergermeister.html

9   Die wichtigsten Daten und Fakten zur Abgasaffäre, in: Spiegel
    Online, 23. 9. 2016; https://www.spiegel.de/wirtschaft/unternehmen/
    volkswagen-skandal-die-wichtigsten-daten-und-fakten-zur-abgas-
    affaere-a-1058920.html#sponfakt=1

10  Statista, Anzahl der vom Abgas-Skandal beim Volkswagen-Konzern
    betroffenen Fahrzeuge im Jahr 2015 nach Ländern (Stand: Anfang
    Oktober 2015); https://de.statista.com/statistik/daten/studie/468977/
    umfrage/vom-abgas-skandal-betroffene-fahrzeuge-vom-volkwagen-
    konzern-laender/

11  Die wichtigsten Daten und Fakten zur Abgasaffäre, in: Spiegel Online,
    23. 9. 2016; https://www.spiegel.de/wirtschaft/unternehmen/
    volkswagen-skandal-die-wichtigsten-daten-und-fakten-zur-
    abgasaffaere-a-1058920.html#sponfakt=1

12  Gabriel: Ehre der Arbeitnehmer muss verteidigt werden / Volkswagen
    muss schnell aufklären, in: IG Metall Wolfsburg, 8. 10. 2015; http://
    www.igmetall-wob.de/meldung/gabriel-ehre-der-arbeitnehmer-
    muss-verteidigt-werden-volkswagen-muss-schnell-aufklaeren/

13  Merkel: »VW-Affäre gefährdet nicht guten Ruf des Wirtschaftsstand-
    orts«, in: Deutschlandfunk, 22. 5. 2015.

14  Kai Biermann, Das Kanzleramt tut, was Autobauer fordern, in: Die
    Zeit, 5. 8. 2017; https://www.zeit.de/politik/deutschland/2017-08/
    diesel-betrug-politik-lobby-kanzleramt

15  Peter Hornung (NDR) / Katja Riedel (WDR), Die Angst um »Made in
    Germany«, in: tagesschau.de. 29. 9. 2016.

16  Hans Koberstein / Markus Steinhausen, Der saubere Diesel – Wie
    Nachrüstung doch funktioniert, in: ZDF, Frontal21, 11. 12. 2018.

17  Henner Weithöner, »Die Autolobby ist immer noch stärker«, in:
    Klimaretter.info, 1. 9. 2009; http://www.klimaretter.info/serie/merkel-
    bilanz/3656-qdie-autolobby-ist-immer-noch-staerkerq

18  Deutsche Umwelthilfe, Wie der aktuelle Niedergang der Automobilin-
    dustrie gestoppt werden kann: Deutsche Umwelthilfe legt 12-Punkte-
    Plan für Klimaschutz und Arbeitsplätze vor, 20. 8. 2019; https://
    www.duh.de/presse/pressemitteilungen/pressemitteilung/wie-der-
    aktuelle-niedergang-der-automobilindustrie-gestoppt-werden-kann-
    deutsche-umwelthilfe-legt-1/

19   Deutsche Umwelthilfe, Deutsche Umwelthilfe zieht »Dieselgate-
     Halbjahresbilanz«, 21.3.2016; https://www.duh.de/presse/pressemit-
     teilungen/pressemitteilung/deutsche-umwelthilfe-zieht-dieselgate-
     halbjahresbilanz-viele-autobauer-setzen-abschalteinr/
20   Nico Schmolke, Umweltbilanz von E-Rollern, in: rbb24, 15.8.2019;
     https://www.rbb24.de/politik/beitrag/2019/08/e-roller-umweltbilanz-
     berlin-scooter.html. Originalquelle: IOPscience, Are e-scooters pollu-
     ters?; https://iopscience.iop.org/article/10.1088/1748-9326/ab2da8
21   Quarks, Fahrrad-Unfälle: Darum ist die Helmpflicht nicht die Lösung.
     6.11.2018; https://www.quarks.de/technik/mobilitaet/fahrrad-
     unfaelle-darum-ist-die-helmpflicht-nicht-die-loesung/
22   AZ / Nina Job, Tragischer Unfall: Radler kracht in Autotür – tot!,
     in: Abendzeitung; https://www.abendzeitung-muenchen.de/inhalt.
     autofahrer-oeffnet-tuer-tragischer-unfall-radler-kracht-in-autotuer-
     tot.1cbe72e8-ebc0-4178-bbbd-122c6a1921c7.html
23   Radspannerei, BaWü: Viele Helmträger unter den Verkehrsopfern,
     24.2.14; https://rad-spannerei.de/2014/02/24/bawu-viele-helmtrager-
     unter-den-verkehrsopfern/
24   TourismusNewsDeutschland, Deutsche Verkehrswacht meldet 383
     tödlich verunfallte Radfahrer; http://www.tn-deutschland.com/
     deutsche-verkehrswacht-meldet-383-toedlich-verunfallte-radfahrer/
25   Mehr Radfahrer tragen Helm, in: Spiegel Online, 8.5.2014; https://
     www.spiegel.de/gesundheit/ernaehrung/fahrradhelme-jeder-siebte-
     radfahrer-traegt-helm-a-968198.html.
     Laut einer Umfrage des Emnid Instituts tragen sogar 65 Prozent der
     Radfahrer in Deutschland nie einen Helm, 34 Prozent machen dies
     gelegentlich. Demnach wäre nur ein Prozent immer mit einem Helm
     unterwegs; http://www.stadthelm.at/web/ger/News/Nach-einer-
     aktuellen-Umfrage-von-TNS-Emnid-im-Auftrag-von-ABUS-tragen-
     24-Prozent-der-Radler-keinen-Helm-weil-sie-um-ihre-Frisur-
     fuerchten
26   Unfallforschung: Autofahrer überholen Fahrradhelmträger enger, in:
     Spektrum – Die Woche, 12.9.2006; https://www.spektrum.de/news/
     autofahrer-ueberholen-fahrradhelmtraeger-enger/850609
27   Hövding Airbag; https://hovding.de/
28   Die Vorteile des Fahrradfahrens zusammengefasst: Umweltbundes-
     amt, Radverkehr, 1.4.2016; https://www.umweltbundesamt.de/the-
     men/verkehr-laerm/nachhaltige-mobilitaet/radverkehr#textpart-2

## Über veröffentlichte Wahrnehmung und Wirklichkeit  [S. 49 – 56]

1  mediamanual archiv, Wahrnehmung. Wirklichkeitsentwürfe; https://
   www.mediamanual.at/mediamanual/workshop/kommunikation/
   semiotisches_labor/labor_a/modul05.php

2  Von Autofahrerin übersehen: Radfahrer in Lebensgefahr, in:
   Merkur.de, 11. 8. 2019; https://www.merkur.de/lokales/starnberg/
   seefeld-ort29435/schwerer-unfall-bei-seefeld-von-autofahrerin-
   uebersehen-radfahrer-in-lebensgefahr-12905260.html

3  Frau übersieht ihn: Radfahrer prallt in Auto und wird leicht verletzt,
   in: Südwest Presse, 13. 8. 2019; https://www.swp.de/blaulicht/goeppin-
   gen-geislingen/unfall-in-goeppingen-frau-uebersieht-ihn_-radfahrer-
   prallt-in-auto-und-wird-leicht-verletzt-32383193.html

4  Polizei Paderborn, Verletzte bei Fahrradunfällen, 4. 7. 2019; https://
   www.presseportal.de/blaulicht/pm/55625/4314795

5  Radfahrer missachtet Vorfahrt und wird von Auto erfasst, in:
   Frankenpost, 17. 7. 2019; https://www.frankenpost.de/region/
   wunsiedel/Radfahrer-missachtet-Vorfahrt-und-wird-von-Auto-
   erfasst;art2460,6816253

6  Fahrradunfall: Zehnjähriger nimmt Autofahrerin die Vorfahrt, in:
   Westdeutsche Allgemeine Zeitung, 6. 8. 2019; https://www.waz.de/
   staedte/duisburg/fahrradunfall-zehnjaehriger-nimmt-autofahrerin-
   die-vorfahrt-id226696821.html

7  Anne Losensky / Karin Hendrich, Rettungssanitäter attackiert –
   Autofahrer (23) verurteilt!, in: Berliner Zeitung, 3. 11. 2017; https://
   www.bz-berlin.de/tatort/menschen-vor-gericht/rettungssanitaeter-
   attackiert-autofahrer-23-verurteilt

8  Polizei Coesfeld, Ascheberg, Lambertus-Kirchplatz/ Rüpelradler gesucht, 26. 4. 2019; https://www.presseportal.de/blaulicht/
   pm/6006/4255305.
   Oder auch hier: Auto beschädigt und Passanten bespuckt: Polizei
   sucht »Rüpelradler«, in: msl24, 27. 4. 2019; https://www.msl24.de/
   muensterland/coesfeld-ort847849/ascheberg-ruepelradler-beschae-
   digt-auto-bespuckt-passanten-12226934.html

9  Michael Thurm, Polizei sucht Rad-Rowdy, in: Weser Kurier,
   22. 12. 2016; https://www.weser-kurier.de/region/osterholzer-kreis-
   blatt_artikel,-Polizei-sucht-RadRowdy-_arid,1519121.html

10 Polizei bittet Nürnberger Kampfradler zur Kasse, in: Nordbayern.de, 11.10.2013; https://www.nordbayern.de/region/nuernberg/polizei-bittet-nurnberger-kampfradler-zur-kasse-1.3211915

11 Raser, Rüpel, Drängler: Werden Autofahrer immer aggressiver?, in: ARD, Maischberger, 22.11.2018.
Lars Becker, Wer war der Rüpel? Autofahrer fährt Teilnehmer eines Umzuges an, in: Westfälischer Anzeiger, 8.3.2019; https://www.wa.de/nordrhein-westfalen/ruepel-aggressiver-autofahrer-faehrt-teilneh-mer-eines-umzuges-iserlohn-11835610.html

12 Simon Schütz, Radfahrer sollen bei Rot rechts abbiegen dürfen, in: Bild, 3.4.2019; https://www.bild.de/politik/inland/politik-inland/cdu-befuerchtet-radrowdies-reform-fuer-rechte-der-radfahrer-geplant-61026866.bild.html

13 ebd.

14 Stefan Jacobs, Wenn das Auto zur »Tatwaffe« wird, in: Tagesspiegel, 6.11.2019; https://www.tagesspiegel.de/berlin/fahren-wir-immer-aggressiver-wenn-das-auto-zur-tatwaffe-wird/25193304.html

15 Polizei Berlin, Twitter, 04:05 Uhr, 23.8.2019.

16 FHH Bürgerschafts-Drucksache 21/9465, 23.6.2017, in: Jens Meyer-Wellmann, Unfallflucht, in: Hamburger Abendblatt, 20.10.2017; https://www.abendblatt.de/hamburg/article212303027/Unfallflucht-CDU-will-Kennzeichen-fuer-Raeder.html

17 Ein Sinnbild für Schweizer Ordnungsliebe verschwindet, in: Basler Zeitung, 30.12.2011; https://www.bazonline.ch/leben/gesell-schaft/ein-sinnbild-fuer-schweizer-ordnungsliebe-verschwindet/story/30060352

18 ebd.

### Die (Un)Rechtssprechung [S. 57–69]

1 StVO § 45 Absatz 9

2 Scheuer lehnt Tempolimit und höhere Dieselsteuer strikt ab, in: Welt, 19.1.2019; https://www.welt.de/politik/deutschland/article187341664/Gegen-jeden-Menschenverstand-Scheuer-lehnt-Tempolimit-und-hoehere-Dieselsteuer-strikt-ab.html

3 Spiegel-TV, Politik mit Panzer: Bürgermeister in Litauen plättet Falschparker, 3.8.2011; https://www.youtube.com/watch?v=hWTP7x_r1NI

4  BUND Bremen, Tempo 30 in der Stadt; https://www.bund-bremen.
   net/mobilitaet/autoverkehr/tempo-30-in-der-stadt/

5  ebd.

6  ebd.

7  Verkehrsclub Deutschland, Rückeroberung der Straße, 3.2016; https://
   www.vcd.org/fileadmin/user_upload/Redaktion/Publikationsdaten-
   bank/Fussverkehr/2016_Position_Rueckeroberung_der_Stasse.pdf

8  Rechts überholt und Kind getötet – 200 Euro Strafe, in: rbb24 /
   Abendschau, 12.6.2019; https://www.rbb24.de/panorama/bei-
   trag/2019/06/kind-berlin-toedlicher-unfall-urteil-200-euro.html

9  Milde Strafe für Lkw-Fahrer nach tödlichem Abbiegeunfall, in: hes-
   senschau.de, 6.6.2019; https://www.hessenschau.de/wirtschaft/rad-
   fahrerin-tot-milde-strafe-fuer-lkw-fahrer-nach-abbiegeunfall,urteil-
   gegen-lkw-fahrer-nach-toedlichem-radler-unfall-100.html

10 Peter Neumann, Mahnwache gegen Skandalurteil. 900 Euro Geldstrafe für LKW-Fahrer der Radler überrollt, in: Berliner Zeitung,
   18.4.2018; https://archiv.berliner-zeitung.de/berlin/mahnwache-
   gegen-skandalurteil--900-euro-geldstrafe-fuer-lkw-fahrer-der-radler-
   ueberrollt-30037080

11 Daniel Krüger, Ein Geisterfahrrad gegen zu milde Gerichtsurteile, in:
   Welt, 12.10.2015; https://www.welt.de/vermischtes/article147520603/
   Ein-Geisterfahrrad-gegen-zu-milde-Gerichtsurteile.html

12 Elke Hoesmann, Nach schwerem Unfall am Brill: Symbolische Strafe
   für Lkw-Fahrer, in: Weser Kurier, 17.10.2018; https://www.weser-
   kurier.de/bremen/bremen-stadt_artikel,-nach-schwerem-unfall-am-
   brill-symbolische-strafe-fuer-lkwfahrer-_arid,1776526.html

13 Landgericht Berlin verurteilt Angeklagte nach tödlichem Zusam-
   menstoß bei illegalem Autorennen auf dem Kurfürstendamm
   erneut wegen Mordes (PM 18/2019), in: Berlin.de, Gerichte in Berlin,
   26.3.2019; https://www.berlin.de/gerichte/presse/pressemitteilungen-
   der-ordentlichen-gerichtsbarkeit/2019/pressemitteilung.796501.php

14 Radfahrerin totgefahren – 28-jähriger Raser wegen Mordes verurteilt, in: Welt, 27.6.2019; https://www.welt.de/politik/deutschland/
   article196014859/Berlin-Charlottenburg-Raser-wegen-Mordes-zu-
   lebenslanger-Haft-verurteilt.html

15 Jan Friedmann, Urteil in Stuttgart »Hirnlose Raserei«, in: Der Spiegel,
   15.11.2019; https://www.spiegel.de/panorama/justiz/stuttgart-urteil-
   im-raser-prozess-hirnlose-raserei-a-1296765.html

16  Schleswig-Holsteinisches Oberlandesgericht, Urteil vom 5.6.2013,
    7 U 11/12, Radfahren ohne Helm: Fahrradfahrer muss sich bei Unfall
    Mitverschulden anrechnen lassen; https://www.kostenlose-urteile.
    de/Schleswig-Holsteinisches-Oberlandesgericht_7-U-1112_Radfah-
    ren-ohne-Helm-Fahrradfahrer-muss-sich-bei-Unfall-Mitverschulden-
    anrechnen-lassen.news16090.htm.
    Das Urteil wurde in zweiter Instanz revidiert: Bundesgerichtshof,
    Urteil vom 17.6.2014, VI ZR 281/13, Keine Helmpflicht: Nichttragen
    eines Fahrradhelms führt bei Unfall nicht zu einer Anspruchskür-
    zung wegen Mitverschuldens; https://www.kostenlose-urteile.de/
    BGH_VI-ZR-28113_Keine-Helmpflicht-Nichttragen-eines-Fahrrad-
    helms-fuehrt-bei-Unfall-nicht-zu-einer-Anspruchskuerzung-wegen-
    Mitverschuldens.news18347.htm.
    Handelt es sich um Rennradfahrer, bleibt es bei der Mitschuld durch
    mangelnden Helm: Oberlandesgericht München, Urteil vom 3.3.2011,
    24 U 384/10, Fahrradfahren ohne Helm: Radfahrer muss sich bei
    Kollision mit Pkw Mitverschulden zurechnen lassen; https://www.
    kostenlose-urteile.de/OLG-Muenchen_24-U-38410_Fahrradfahren-
    ohne-Helm-Radfahrer-muss-sich-bei-Kollision-mit-Pkw-Mitverschul-
    den-zurechnen-lassen.news12235.htm

17  Thüringer Oberlandesgericht, Urteil vom 28.10.2008, 5 U 596/06;
    https://judicialis.de/Thüringer-Oberlandesgericht_5-U-596-06_
    Urteil_28.10.2008.html

18  Urteile zum Fahrrad- und Fußgängerverkehr; https://pdeleuw.de/
    fahrrad/urteile.html#seitenabstand OLG Celle, Az. 5 U 327/86

19  Forschung Mobilität, Transport, Verkehr, Befragung zur Radver-
    kehrssicherheit in Freiburg, 7.9.2009; https://www.freiburg.de/pb/
    site/Freiburg/get/311459/Verkehr_VS_Untersuchung_Befragung.pdf

20  ebd.

21  Nach einer Idee von Torben Frank

22  Bußgeldkatalog, Wie überholen Sie richtig?; https://www.bussgeldka-
    talog.de/ueberholen/?nC=1

23  ADAC, Das gilt am Zebrastreifen, 19.2.2018; https://www.adac.de/
    verkehr/recht/verkehrsvorschriften-deutschland/zebrastreifen/

24  StVO § 27, Verbände; http://www.gesetze-im-internet.de/
    stvo_2013/__27.html

## Die Technik [S. 70–83]

1 ADAC, SUVs: Fußgängerschutz verbessert; https://www.adac.de/ infotestrat/adac-im-einsatz/motorwelt/fussgaengerschutz_suv.aspx

2 Bilder: Crashtest SUV vs. Pkw, in: Auto Bild; https://www.autobild.de/ bilder/bilder-crashtest-suv-vs.-pkw-1934947.html#bild10

3 Matthias Kolb (SZ) interviewt Markus Wissen, »Sie sitzen in ihren kleinen Panzern und zerstören Natur«, in: Süddeutsche Zeitung, 3.8.2017; https://www.sueddeutsche.de/politik/konsumverhalten-im-westen-sie-sitzen-in-ihren-kleinen-panzern-und-zerstoeren-natur-1.3610212

4 Kraftfahrtbundesamt, Jahresbilanz der Neuzulassungen 2018; https:// www.kba.de/DE/Statistik/Fahrzeuge/Neuzulassungen/n_jahres-bilanz.html

5 Richtlinie 2003/97/EG des Europäischen Parlaments und des Rates vom 10. November 2003 zur Angleichung der Rechtsvorschriften der Mitgliedstaaten für die Typgenehmigung von Einrichtungen für indirekte Sicht und von mit solchen Einrichtungen ausgestatteten Fahrzeugen; https://eur-lex.europa.eu/eli/dir/2003/97/2007-01-01/ deu/pdf

6 Einigung auf EU-Ebene, Abbiegeassistent soll Pflicht werden, in: Tagesschau, 26.3.2019; https://www.tagesschau.de/ausland/eu-parlament-abbiegeassistenten-101.html

7 Pressedienst Fahrrad, Themenblatt: Die Fahrradwelt in Zahlen, 2.12.2019; https://www.pd-f.de/themenblaetter/die-fahrradwelt-in-zahlen

8 Statista, Anzahl der Elektroautos in Deutschland von 2006 bis 2019; https://de.statista.com/statistik/daten/studie/265995/umfrage/ anzahl-der-elektroautos-in-deutschland/

9 Statista, Absatz von E-Bikes in Deutschland von 2009 bis 2018; https:// de.statista.com/statistik/daten/studie/152721/umfrage/absatz-von-e-bikes-in-deutschland/

10 Statistische Bundesamt, Gesellschaft und Umwelt. Verkehrsunfälle; https://www.destatis.de/DE/Themen/Gesellschaft-Umwelt/Verkehrs-unfaelle/_inhalt.html?__blob=publicationFile

11 Unfallstatistik 2015, in: Welt, 12.7.2016; https://www.welt.de/motor/ news/article156991316/Unfallstatistik-2015.html

12 Zweirad-Industrie-Verband, Marktdaten; https://www.ziv-zweirad. de/marktdaten/

13  Dienstfahrrad versteuern. So funktioniert es mit dem E-Bike vom
    Chef, in: Finanztip.de, 30. 4. 2019; https://www.finanztip.de/dienst-
    fahrrad/
14  Umweltbundesamt, Car-Sharing nutzen, 20. 9. 2017; https://www.
    umweltbundesamt.de/umwelttipps-fuer-den-alltag/mobilitaet/car-
    sharing-nutzen#textpart-2
15  ebd.
16  Jörg Burger, Carsharing: Teile mit Eile, in: Die Zeit, 13. 12. 2017; https://
    www.zeit.de/zeit-magazin/2017/52/carsharing-fahrer-berlin-strassen-
    verkehr-raser/komplettansicht
17  Philip Banse, Boomende Branche Carsharing immer beliebter,
    in: Deutschlandfunk, 20. 2. 2019; https://www.deutschland-
    funk.de/boomende-branche-carsharing-immer-beliebter.766.
    de.html?dram:article_id=441550
18  Dominik Reintjes, Studie zu Car2Go. Warum Carsharing der Umwelt
    nicht hilft, in: WirtschaftsWoche, 7. 9. 2018; https://www.wiwo.de/
    unternehmen/auto/studie-zu-car2go-warum-carsharing-der-umwelt-
    nicht-hilft/23011982.html
19  Die Website des Vereins: http://www.vorfahrt-fuer-jesberg.de/
20  Christian Erhardt, Neuer Schub fürs Carsharing, in: kommunal.de,
    20. 6. 2019; https://kommunal.de/schub-fuers-carsharing
21  Website von nextbike Mannheim; https://www.vrnnextbike.de/de/
    mannheim/

## Die Verwaltung  [S. 84 – 90]

1  Baden-Württemberg Ministerium für Verkehr, Informationsportal
   zur Radverkehrsförderung, Gesetze und Regeln rund um den Radverkehr; https://www.fahrradland-bw.de/daten-fakten/rechtliche-
   grundlagen/
2  ebd.
3  VCD Hintergrund: Der Nationale Radverkehrsplan; https://www.vcd.
   org/fileadmin/user_upload/Redaktion/Publikationsdatenbank/Rad-
   verkehr/VCD_Hintergrund_NRVP_2009.pdf
4  Telefongespräch der Autorin mit Christel Wemheuer, Erste Kreisrätin
   im Landkreis Göttingen, am 18. 9. 2019
5  Fahrradportal, Radverkehr in der Stadt-Umland-Beziehung. 12. Fahrradkommunalkonferenz, 19. 2. 2018; https://nationaler-radverkehrsplan.
   de/de/fahrradakademie/fahrradkommunalkonferenz/12-fahrrad-
   kommunalkonferenz

## Die Partner im Umweltverbund [S. 91–97]

1 Fuss e.V., Gehen sozial: Die Basis aller Mobilität; https://www.fuss-ev. de/mobilitaet/verkehr-sozial

2 »In Bezug auf Bodenunebenheiten besteht Gefahrvermeidungs- und Gefahrabwehrpflicht [BGB] auf allen öffentlich zugänglichen Gehflächen durch die verantwortlichen Versicherungspflichtigen (Straßenbaulastträger, Eigentümer).« in: Fuss e.V., Schritte zur Einführung einer kommunalen Fußverkehrsstrategie Handlungsleitfaden, 7.2018; https://docplayer.org/149688699-Schritte-zur-einfuehrung-einer-kommunalen-fussverkehrsstrategie-handlungsleitfaden-impressum. html

3 Jan Gehl zitiert nach Fuss e.V.

4 Statistisches Bundesamt, Gesundheit. Behinderte Menschen; https:// www.destatis.de/DE/Themen/Gesellschaft-Umwelt/Gesundheit/ Behinderte-Menschen/_inhalt.html

5 Fuss e.V., Schritte zur Einführung einer kommunalen Fußverkehrsstrategie; http://fussverkehrsstrategie.de/

6 Martin Randelhoff, [Fakt der Woche] Öffentlicher Verkehr in europäischen Städten – ein Vergleich, in: Zukunft Mobilität, 16.9.2011; https://www.zukunft-mobilitaet.net/6404/analyse/oeffentlicher-verkehr-in-europa-staedte-vergleich/

7 Umweltbundesamt, Die »Stadt für Morgen«: Deutlich mehr Geld für Busse und Bahnen nötig. Nur strikter Subventionsabbau setzt ausreichend Geld für attraktiven ÖPNV frei, 30.3.2017; https://www. umweltbundesamt.de/presse/pressemitteilungen/die-stadt-fuer-morgen-deutlich-mehr-geld-fuer-busse

8 dbb Vorteilswelt, Schäden durch Fahrraddiebstahl so hoch wie nie, 23.5.2019; https://www.dbb-vorteilswelt.de/schaeden-durch-fahrraddiebstahl-so-hoch-wie-nie/

## Auf dem Land [S. 98–106]

1 Website des Theatersommers in Netzeband (Brandenburg); https:// theatersommer-netzeband.de/ihr-besuch/#anfahrt

2 Vergleiche hierzu: Verkehr. Tritt in die Tür, in: Der Spiegel, 13.4.1992; https://www.spiegel.de/spiegel/print/d-13687925.html

3 Vergleiche hierzu: Verkehr. Tritt in die Tür, in: Der Spiegel, 13.4.1992; https://www.spiegel.de/spiegel/print/d-13687925.html

4  Sebastian Kemnitzer / Fabian Mader, Deutsche Bahn. Schienen-Abriss statt Verkehrswende, in: ARD, Report München, 17. 9. 2019; https://www.br.de/fernsehen/das-erste/sendungen/report-muenchen/videos-und-manuskripte/bahn-verkehrswende-schienennetz-102.html

5  Vergleiche hierzu: Verkehr. Tritt in die Tür, in: Der Spiegel, 13. 4. 1992; https://www.spiegel.de/spiegel/print/d-13687925.html

6  Kraftfahrtbundesamt, Bestand 2019; https://www.kba.de/DE/Statistik/Fahrzeuge/Bestand/bestand_node.html

7  Martin Randelhoff interviewt die Mobilitätsexperten Lars Thomsen und Heiner Monheim, Was wäre, wenn öffentlicher Personenverkehr kostenlos wäre? Zwischen Fußverkehr und Drohnentaxi, in: was wäre wenn; https://www.www-mag.de/debatten/beitrag/zwischen-fuss-verkehr-und-drohnentaxi

8  Platz 2: Nordhorn ist fahrradfreundliche Kommune, in: Grafschafter Nachrichten, 9. 4. 2019; https://www.gn-online.de/nordhorn/nord-horn-ist-zweitfahrradfreundlichste-kommune-291231.html

9  Fahrradakademie, Fahrradkommunalkonferenz 2018, Kurzbericht zur AG 4: »Radfahren außerhalb der Großstädte zur Normalität machen«; https://nationaler-radverkehrsplan.de/sites/default/files/pdf/2018-11-19_12-fahrradkommunalkonferenz_ag4-kurzbericht.pdf

10  Bernhard Reuter, Vorwort zum Masterplan Zukunftsfähiger Rad-verkehr 2018 des Landkreises Göttingen, 20. 2. 2018; https://www.landkreisgoettingen.de/pics/medien/1_1519031184/2018-Broschuere_Masterplan-web.pdf

11  ebd.

12  Masterplan Zukunftsfähiger Radverkehr 2018 des Landkreises Göttingen, 20. 2. 2018; https://www.landkreisgoettingen.de/pics/medien/1_1519031184/2018-Broschuere_Masterplan-web.pdf

13  Sören Götz, Deutsche pendeln im Schnitt rund 17 km zur Arbeit, in: Die Zeit, 19. 9. 2017; https://www.zeit.de/mobilitaet/2017-09/pendler-berufspendler-arbeit-zahl-des-tages

**Was geht? Andere Städte, andere Straßen  [S. 107 – 123]**

1  Vergleiche dazu: Agnes Handwerk, Schneller als Bus und Auto, in: Deutschlandfunk, 2. 12. 2009; https://www.deutschlandfunkkultur.de/schneller-als-bus-und-auto.979.de.html?dram:article_id=152238

2 Martin Randelhoff, Amsterdam reduziert bis 2025 die Zahl der Anwohnerparkausweise um 1.500 pro Jahr (insgesamt 11.200), in: Zukunft Mobilität, 10.6.2019; https://www.zukunft-mobilitaet. net/169960/urbane-mobilitaet/parken-in-amsterdam-bewohnerpark-ausweis-parkgebuehren-rueckbau/

3 ADFC Fahrradklimatest 2018, Auswertung Bremen; https://object-manager.com/om_map_fahrrad_if_2018/data/2018/Bremen.pdf

4 European Platform on Mobility Management, TEMS – The EPOMM Modal Split Tool, Bremen; http://epomm.eu/tems/result_city.phtml

5 Bremen: Fahrradstadt oder Autostadt?, in: Bremenize.com; http://www.bremenize.com/bremen-fahrradstadt-oder-autostadt/#more-4073

6 Wer darf was auf einer Fahrradstraße?, in: NDR, 20.11.2017; https://www.ndr.de/ratgeber/verbraucher/Welche-Regeln-gelten-auf-einer-Fahrradstrasse,fahrradstrasse128.html

7 11 Gründe für Bremen mit dem Rad, in: bremen.de; https://www.bremen.de/leben-in-bremen/bike-it/gruende-fuer-bremen-mit-dem-rad

8 So lange verbringen Sie in deutschen Städten im Stau, in: Welt, 12.2.2019; https://www.welt.de/vermischtes/article188629459/Stau-So-viel-Zeit-und-Geld-verlieren-die-Deutschen-beim-Warten.html

9 11 Gründe für Bremen mit dem Rad, in: bremen.de; https://www.bremen.de/leben-in-bremen/bike-it/gruende-fuer-bremen-mit-dem-rad

10 ebd.

11 Pascal Faltermann, Umfrage zur Bürgerschaftswahl. So bewerten die Bremer die Verkehrspolitik, in: Weser Kurier, 10.2.2019; https://www.weser-kurier.de/bremen/buergerschaftswahl-2019_artikel,-so-bewerten-die-bremer-die-verkehrspolitik-_arid,1805791.html

12 Stadt Karlsruhe Stadtplanungsamt, Radverkehr. 20-Punkte-Programm, 6.2013; https://www.karlsruhe.de/b3/verkehr/radverkehr/massnahmen/HF_sections/content/ZZkRU2CZAtsvPA/ZZl4jA7xg-dAQNo/Broschüre_Internetversion_klein.pdf

13 Karlsruhe belegt Platz 1 als fahrradfreundlichste Stadt, in: SWR, 9.4.2019; https://www.swr.de/swraktuell/baden-wuerttemberg/karlsruhe/Fahrradklima-Test-des-ADFC-Karlsruhe-zur-fahrradfreundlichsten-Stadt-gewaehlt,karlsruhe-fahrradfreundlichste-stadt-100.html

14 KA-Radler, Blog für Radfahrer und Verkehrspolitik in Karlsruhe und Umgebung, Stillstand oder gar Rückschritt in Karlsruhe, 2.2.2019; http://ka-radler.blogspot.com/2019/02/stillstand-oder-gar-ruck-schritt-in.html

15 European Platform on Mobility Management, TEMS – The EPOMM Modal Split Tool, Wien; http://www.epomm.eu/tems/result_city.phtml?city=54&list=1

16 Freizeit, Sicherheit, Luftqualität. Das sind die lebenswertesten Städte der Welt, in: Der Spiegel, 13.3.2019; https://www.spiegel.de/reise/staedte/mercer-wien-ist-die-lebenswerteste-stadt-der-welt-a-1257617.html

17 Haznain Kazim, Verkehrskonzept in Wien, Auto? Nein danke!, in: Der Spiegel, 5.7.2019; https://www.spiegel.de/auto/aktuell/oesterreich-wien-plant-den-verkehr-neu-ohne-autos-a-1275530.html

18 Oona Kroisleitner / Rosa Winkler-Hermaden, Verkehr. Der Fahrrad-verkehr in Wien ist ins Stocken geraten, in: Der Standard, 26.3.2018; https://apps.derstandard.at/privacywall/story/2000076782946/derradverkehr-stocken-ins-geraet

19 Matthias Gastel (MdB), Zürich – Modell für städtische Verkehrs-wende, 1.8.2018; http://www.matthias-gastel.de/zuerich-modell-fuer-staedtische-verkehrswende/#.Xee3Wq9CeUl

20 Zürich: Rechtsgutachten zwingt zu neuen Radverkehrsführun-gen, in: Hamburgize.com, 15.9.2018; https://hamburgize.blogspot.com/2018/09/zurich-rechtsgutachten-zwingt-zu-neuen.html

21 Matthias Gastel (MdB), Zürich – Modell für städtische Verkehrs-wende, 1.8.2018; http://www.matthias-gastel.de/zuerich-modell-fuer-staedtische-verkehrswende/#.Xee3Wq9CeUl

22 Stadt Zürich, Städtische Mobilität im Vergleich: Zürich ist dem Ziel von Stadtverkehr 2025 nahe; 2.11.2017; https://www.stadt-zuerich.ch/ted/de/index/departement/medien/medienmitteilungen/2017/171102a.html

23 Vergleiche hierzu: Martin Randelhoff interviewt die Mobilitätsexper-ten Lars Thomsen und Heiner Monheim, Was wäre, wenn öffent-licher Personenverkehr kostenlos wäre? Zwischen Fußverkehr und Drohnentaxi, in: was wäre wenn; https://www.www-mag.de/debatten/beitrag/zwischen-fussverkehr-und-drohnentaxi

## Die Zivilgesellschaft [S. 124 – 133]

1 umverkehR, PARK(ing) Day - jährlich wiederkehrend, in der Regel am dritten Freitag im September; https://www.umverkehr.ch/parking-day

2 umverkehR, PARK(ing) Day, Anleitung zur PARK-Gestaltung; https://www.umverkehr.ch/sites/default/files/leitfaden_parking-day_0.pdf

3 ebd.

4 Wikipedia-Eintrag zu Critical Mass; https://de.wikipedia.org/wiki/Critical_Mass_(Aktionsform)

5 Webseite von Critical Mass; https://criticalmass.in/help/faq

6 Website von Kidical Mass; http://www.kidicalmass.org/

7 Kidical Mass, Kinderfahrradfinder; https://www.kinderfahrrad-finder.de/blog/post/kidical-critical-mass-cm-kinder

8 Umweltinstitut München / Bürgerbegehren Klimaschutz / Mehr Demokratie (Hrsg.), Klimawende von unten. Wie wir durch direkte Demokratie die Klimapolitik in die Hand nehmen, S. 30ff.; http://www.umweltinstitut.org/fileadmin/Mediapool/Druckprodukte/Energie/PDF/Handbuch_Klimawende_von_unten.pdf

9 Volksentscheid Fahrrad; https://volksentscheid-fahrrad.de/de/willkommen-beim-volksentscheid/

10 Volksentscheid Fahrrad; https://volksentscheid-fahrrad.de/de/materialien/

11 Changing Cities, Keine Geduld mehr, 21.8.2019, https://changing-cities.org/aktuelles/keine-geduld-mehr/

12 ebd.

13 Startschuss für »Volksinitiative Aufbruch Fahrrad NRW«, in: Zukunftsnetz Mobilität, 3.7.2018; https://www.zukunftsnetz-mobi-litaet.nrw.de/infothek/aktuelles/startschuss-fuer-volksinitiative-aufbruch-fahrrad-nrw

14 Umweltinstitut München / Bürgerbegehren Klimaschutz / Mehr Demokratie (Hrsg.), Klimawende von unten. Wie wir durch direkte Demokratie die Klimapolitik in die Hand nehmen, S. 30ff.; http://www.umweltinstitut.org/fileadmin/Mediapool/Druckprodukte/Energie/PDF/Handbuch_Klimawende_von_unten.pdf.
Und: Volksentscheid Fahrrad, Volksentscheid Fahrrad Berlin gratuliert Bamberg! Erster Radentscheid in Deutschland erfolgreich: Bamberg wird Fahrradstadt!, 31.1.2018; https://volksentscheid-fahrrad.de/de/2018/02/01/volksentscheid-fahrrad-berlin-gratuliert-bamberg-erster-radentscheid-in-deutschland-erfolgreich-bamberg-wird-fahrradstadt-4127/

15  Radentscheid München – wie geht es weiter? 13.9.2019; https://www.
    radentscheidmuenchen.de/radentscheid-muenchen-wie-geht-es-
    weiter/

## Die Umstände [S. 134 – 138]

1   Martin Randelhoff, Reisezeitunterschiede unterschiedlicher Ver-
    kehrsarten von Tür zu Tür im Stadtverkehr – Realität und subjektive
    Wahrnehmungsverzerrung, in: Zukunft Mobilität, 14.6.2018; https://
    www.zukunft-mobilitaet.net/167997/analyse/tuer-zu-tuer-reisezeit-
    stadtverkehr-pkw-miv-oepnv-radverkehr-pedelec-gleichheit-subjek-
    tive-verzerrung/
2   ebd.
3   ebd.
4   Eco Libro, Mobilität und Gesundheit – Ein Drittel weniger Krank-
    heitstage durch moderate körperliche Bewegung auf dem Weg
    zur Arbeit, 4.3.2016; https://www.fahrradland-bw.de/fileadmin/
    user_upload_fahrradlandbw/Downloads/BROSCHUERE_Mobili-
    taet_und_Gesundheit_061115_1MB.pdf

## Autofreie Ortschaften [S. 139 – 150]

1   Katharina Meyer zu Eppendorf / Jakob Pontius, Fahrverbote. In
    diesen Städten fahren bereits (fast) keine Autos mehr, in: t-online.
    de, 31.5.2018; https://www.t-online.de/auto/recht-und-verkehr/
    id_83858914/in-diesen-staedten-fahren-bereits-fast-keine-autos-
    mehr.html
2   Stadtplaner Robert Derks in: Verena Glanos, Konzept aus den Nieder-
    landen - Wo das Auto nur noch Gast ist, in: ZDF, 13.4.2019; https://
    www.zdf.de/nachrichten/heute/plan-b-wo-das-auto-nur-noch-gast-
    ist-die-niederlande-denken-verkehr-anders-100.html
3   Oslo European Green Capital 2019; https://www.greencapital2019.
    com/
4   Lars Bevanger, Oslo startet als Umwelthauptstadt Europas durch,
    in: Deutsche Welle, 2.1.2019; https://www.dw.com/de/oslo-startet-
    2019-als-umwelthauptstadt-europas-durch/a-46831773
5   Website von Visit Oslo; https://www.visitoslo.com/de/artikel/umwelt-
    hauptstadt-europas-2019/
6   ebd.

7   Martin Randelhoff, Der Boulevard Anspach – In Brüssel entsteht die
    zweitgrößte Fußgängerzone Europas, in: Zukunft Mobilität, 3.7.2016;
    https://www.zukunft-mobilitaet.net/163099/urbane-mobilitaet/
    bruessel-fussgaengerzone-boulevard-anspach-umbau-anspachlaan/

8   So funktioniert eine Stadt ohne Autos, in: Süddeutsche Zeitung,
    21.12.2018; https://www.sueddeutsche.de/wirtschaft/pontevedra-
    fussgaenger-autos-1.4259542

9   Henning Düsedau, Autofreie Nordseeinseln – Erholung pur; http://
    www.nordseeinseln-infos.de/autofreie-nordseeinseln/

10  Inseln im Chiemsee; http://www.natur-chiemsee.de/html/chiem-
    seeinseln.html

11  Der Bürgermeister der Gemeinde Helgoland, Richtlinien für die
    Erteilung von Ausnahmegenehmigungen § 50 StVO für Fahrräder,
    17.1.2013; https://www.helgoland.de/content/uploads/sites/2/2017/10/
    Richtlinien_Fahrrad_AG-Mai_2012.pdf

12  Website der Insel Neuwerk: www.cuxhaven-neuwerk.de/insel-neu-
    werk/insel-neuwerk.html

13  Website der Insel Hiddensee: www.hiddensee.de

14  Verkehr in der Landeshauptstadt, Stuttgarts OB Kuhn wünscht sich
    eine autofreie Innenstadt, in: SWR, 14.10.2019; www.swr.de/swr-
    aktuell/baden-wuerttemberg/stuttgart/Stuttgart-Kuhn-will-auto-
    freie-Innenstadt-deutlich-vor-2030,meldung-39042.html

15  Uwe Rada, Verkehrswende in Berlin, Autofrei von innen her, in: taz,
    21.9.2019; https://taz.de/Verkehrswende-in-Berlin/!5624712/

16  Österreich, Alpine Pearls; https://www.austria.info/de/service-
    fakten/reiseplanung/autofrei-reisen-in-oesterreich/autorfreie-orte-
    alpine-pearls

17  Verena Wolff, Mit der U-Bahn auf die Piste – autofreie Skidörfer, in:
    Welt, 19.1.2012; https://www.welt.de/reise/nah/article13802393/Mit-
    der-U-Bahn-auf-die-Piste-autofreie-Skidoerfer.html

18  Website der Skigebiete Serfaus und Fiss Ladis; https://www.serfaus-
    fiss-ladis.at/de/Orte-Region/U-Bahn-Serfaus

19  Skiurlaub ohne Auto im Ötztal. Familienferien im schönsten Winter-
    sport-Ort Österreichs, in: Edelweiß & Gurgl; https://www.edelweiss-
    gurgl.com/de/urlaub-obergurgl/februar/autofrei-in-obergurgl

20  ebd.

21  Gemeinschaft autofreier Schweizer Tourismusorte; http://www.auto-
    frei.ch/index.php/de/

22  Georg Weindl, Die besten autofreien Wintersportorte der Alpen, in: Welt, 7. 12. 2008; https://www.welt.de/reise/article2825834/Die-besten-autofreien-Wintersportorte-der-Alpen.html

23  Wikipedia-Eintrag von Wengen (Kanton Bern); https://de.wikipedia.org/wiki/Wengen_BE

24  ebd.

25  My Switzerland, Autofreie Orte; https://www.myswitzerland.com/de-de/reiseziele/ferienorte-und-staedte/autofreie-orte/

26  Pro Velo Schweiz, Bundesbeschluss Velo vom 23. 9. 2018; https://www.pro-velo.ch/index.php?id=475&L=558

27  Fahrradportal, Bundesbeschluss Velo. 73,6 Prozent der Schweizer stimmen für die Verankerung des Radverkehrs in der Verfassung; https://nationaler-radverkehrsplan.de/de/aktuell/nachrichten/736-prozent-der-schweizer-stimmen-fuer-die

28  Radwege kommen in der Schweiz in die Verfassung, in: Bayrischer Rundfunk, 23. 9. 2018

29  Bundesamt für Straßen ASTRA, Langsamverkehr; https://www.astra.admin.ch/astra/de/home/themen/langsamverkehr.html

30  Pro Velo Schweiz, In Ihrer Region; https://www.pro-velo.ch/ueber-uns/

31  Martin Randelhoff interviewt die Mobilitätsexperten Lars Thomsen und Heiner Monheim, Was wäre, wenn öffentlicher Personenverkehr kostenlos wäre? Zwischen Fußverkehr und Drohnentaxi, in: was wäre wenn; https://www.www-mag.de/debatten/beitrag/zwischen-fuss-verkehr-und-drohnentaxi

32  Städte und Kantone können sich auch in der Schweiz nicht dafür entscheiden, diese Art von Test allein durchzuführen, aber sie geben den Impuls. Der Bund koordiniert dies. Für das Rechtsabbiegen bei Rot und die Velostrassen war das Bundesamt für Strassen (ASTRA) verantwortlich und überwachte diese Pilotprojekte. Die Städte haben diese Lösungen deshalb unter der Federführung des ASTRA (Basel für die Rechtskurve und fünf weitere Städte für die Velostrassen: Luzern, Zürich, Basel, Bern und St. Gallen) getestet. Sobald diese Maßnahmen auf nationaler Ebene verabschiedet sind, liegt es an den Städten/Kantonen, sie in einem zweiten Schritt einzuführen.

33  Telefongespräch der Autorin mit Claudia Bucher, Pro Velo Schweiz, am 19. 9. 2019

34 Nach dem Kampfjet erhitzen die Militärvelos die Gemüter, in:
Der Bund, 27.5.2012; https://www.derbund.ch/schweiz/standard/
nach-dem-kampfjet-erhitzen-die-militaervelos-die-gemueter/
story/11116569

## Die Vision [S. 151–156]

1 Bundesministerium für Verkehr und Digitale Infrastruktur, Mobilität in Deutschland, Kurzreport. Verkehrsaufkommen – Struk-
tur – Trends. 9.2019; http://www.mobilitaet-in-deutschland.de/pdf/
infas_Mobilitaet_in_Deutschland_2017_Kurzreport_DS.pdf

2 Roland Preuß, Gastronomie und Rauchverbot: Das Märchen von
der Pleitewelle, in: Süddeutsche Zeitung, 20.5.2010; https://www.
sueddeutsche.de/wirtschaft/gastronomie-und-rauchverbot-das-
maerchen-von-der-pleitewelle-1.932697

3 Zehn Jahre Rauchverbot. »Ein Großteil der Raucher hält das Verbot
für gut«, in: Frankfurter Allgemeine, 2.1.2017; https://www.faz.net/
aktuell/gesellschaft/gesundheit/rauchverbot-in-deutschen-gast-
staetten-was-hat-es-gebracht-14601236.html

4 ebd.

5 Frauke Suhr, Weltnichtrauchertag 2017. Rauchen wird uncool, in:
Statista, 30.5.2017; https://de.statista.com/infografik/9584/immer-
weniger-jugendliche-in-deutschland-rauchen/

6 Bundesministerium für Verkehr und digitale Infrastruktur, Die acht
Leitziele des Nationalen Radverkehrsplans; https://zukunft-radver-
kehr.bmvi.de/bmvi/de/home/info/id/15

7 Martin Randelhoff interviewt die Mobilitätsexperten Lars Thomsen
und Heiner Monheim, Was wäre, wenn öffentlicher Personenverkehr
kostenlos wäre? Zwischen Fußverkehr und Drohnentaxi, in: was wäre
wenn; https://www.www-mag.de/debatten/beitrag/zwischen-fuss-
verkehr-und-drohnentaxi

# Literaturempfehlungen

Jan Gehl: Städte für Menschen, Berlin 2015

Christian Hader: Was möglich ist – Der Radentscheid Bamberg. Erfolgsgeheimnisse einer kreativen Bürgerinitiative, Röthenbach an der Pegnitz 2019

Stephan Rammler: Volk ohne Wagen. Streitschrift für eine neue Mobilität, Frankfurt am Main 2017

Heinrich Strößenreuther: Der Berlin-Standard. Moderne Radverkehrspolitik Made in Germany – Ein Bildband über Deutschlands erstes Mobilitätsgesetz, Röthenbach an der Pegnitz 2019

Umweltinstitut München e.V., BürgerBegehren Klimaschutz e.V., Mehr Demokratie e.V. (Hrsg.): Klimawende von unten. Wie wir durch direkte Demokratie die Klimapolitik in die Hand nehmen, Berlin und München 2019

# Die Autorin

© Nora Lachmann

**Kerstin E. Finkelstein**, Jahrgang 1974, promovierte Politikwissenschaftlerin, fünf Jahre Chefredakteurin der *radzeit*, freie Mitarbeit für diverse andere Magazine und Zeitungen rund ums Thema Rad (*fahrstil*, *Bike Bild*, *taz* u. a.). Autorin des Buches »Fahr Rad!« (Delius Klasing, 2017) und der im Ch. Links Verlag erschienenen Bücher »Ausgewandert. Wie Deutsche in aller Welt leben« (2005) und »Eingewandert. Deutschlands Parallelgesellschaften« (2006).